ABOUT THIS MANUSCRIPT

Title: The Regia Carmina: An address in verse to Robert of Anjou, King of Naples, from the town of Prato in Tuscany
Author: Convenevole da Prato (c.1270–c.1338)
Illuminator: Pacino di Buonaguida (c.1300-c.1350)
Origin: Tuscany
Date: c.1335-c.1340
Language: Latin
Dimensions: 490 x 350 mm
Location: British Library, London (Ms. Royal 6 E IX)

Facsimile compiled by Palatino Press
www.palatinopress.com

THE REGIA CARMINA

Sedes summa dei, pater est exemplar amoris
Nam tres ex medulle cinctus in amore creant
Sic regimen regum sic est etiam soliorum
Iudicii lux clara tenens moderamina veri
De quo fons manat mare gignens unde lavatur
Mundus et omnis habet alimentum natio. Sedes
Sunt alie matris sancte celique figure
Harum vel genera frugalis farrago libelli
Est huius troni residens celestibus isti
Rorem dignetur aspergere cuius ab arce
Munere bonum manare datur fructusque operumque.
Astitit effingens faciem cathedralis ymago
Quedam sic recolo qua cannus ille cane sedebat
Et barba nivea senex cum veste set ore
Flamifero sic visa loqui sic ferre querelas.
Cur ego tot filiis tot temporibusque vacavi
Et mea tum viri calcant quibus ipsa noverca
Italie sedes meruit fore promovet illa
Degeneres pietate velut natosque coronat
Nox ubi sublimes spectantur sedis ovile
Pastoris magnum divino velle timore
Vere tament pompis impinguatique reflectunt
In promotores quod lamentabile cerno
Est calces ridentque caput venerabile Roma
Urbis in verbis deludunt dico dolosis.
Respice nunc fili sic fari visaque sedes
Nox mecchi tres divos vidisti nove sedentes
Esuriente siti torrente deficiente
Ac languente feris spoliata sepe tyrannis
Carcere predonum posita quis de tribus urbe
Unus adhuc in foris simulans compassus amavit
Est Rome civis quis dicit cannus ovilis
Vox quia languentis queritur presentemque requirit
Officium medicique sui scio quid properatur
Fallaci quid nunc more iam sentio motum
Iudicis eterni iam promeruere furorem
Urbs mea Christus ait sacro de sanguine fuse
Martiribus sacrata iacet velut orba relicta
Urbs mea Roma caret nunc lumine frontis utraque
Urbs mea querit opem suum longeque moratur
Dextrum nec patitur procedit terra sinistri
Nec eat ipse citus nunc absque vicarius ulla
Quando mora semper nocuit dilatio quando
Auxilii te languor eget vel porta parata

Quando civis pergat nunc absque pavoris manus
Quando mora petrus est non dubitavit in urbe
Ipse mea modo sede timent hii deliciosi.
Quos sic ditavi quos ad mea stipem levavi
In Roma residere mea que libera colla
Semper habet quam regna timent ex omni sole
Nec placet antiqua suos iuga villa flentes
Libertate frui secum pecus istud iniqua
Prorsus avaritiam mecchi iudicia in reddam
Ultoreque statuunt contra mea legis iniquas
Iussa sue plebeia sceus nunc castra sequentes
Signa fuge nullos usque latium triumphos
Opprobria militia fugiens mea pacit arma
Consulibus dabo quippe suis audite ruborem
Reipublice sperate fide fuctis amorem
Pro una qui marte ducis pugnare salute
Et voluit nectique ferum cum arte dracone
Non vel frangatur exemplis tempore virtus
Turpibus hec medico medicum sperate beati
Nox eritis Rome reddetur gloria quantum —
Cumque gerunt hostes obstacula perfida vim
Sic ego nuper cum sedes audisse recordor
In trono cernende sue mea mitis ymago
Ad lamenta querens redde mea cur cathedralis
Vilet ymago domus fusoque cruore sacris
Cultus abest stationis habent nec candor honorem
Virgineus nusque flexere sessoribus urbis
Nunc honor aut solite laudis reverentia digna
Non absente sonat ipsius pastore fidelis
Letanti cum vetere dolet vacuaque videre
Suspirat Romam qua vidit plebe frequentem
Et saltem replere aliquas sine dimittit ulma
Gente proba Christi regiones sic ne subverte
Spernunt quam similem in Rex forunt – horrent
Qui spernunt illam me spernunt atque sedentem
In trono sponse meo qui condidit ipsam.
Scribe quidem mox tronus ait nunc visa de mente
Regi cuncta meo referes conscripta Roberto
Italie genito docto invictoque fideli
Pro merito mundus quibus est cuique monarcha
Imprimisque hominum sua iam magis proxima sedes
Et regnum gravida gerit certamina mentis
Et cuius tot sunt nova provenientia casu.
Regina celi letare alleluia quia quem meruisti portare.

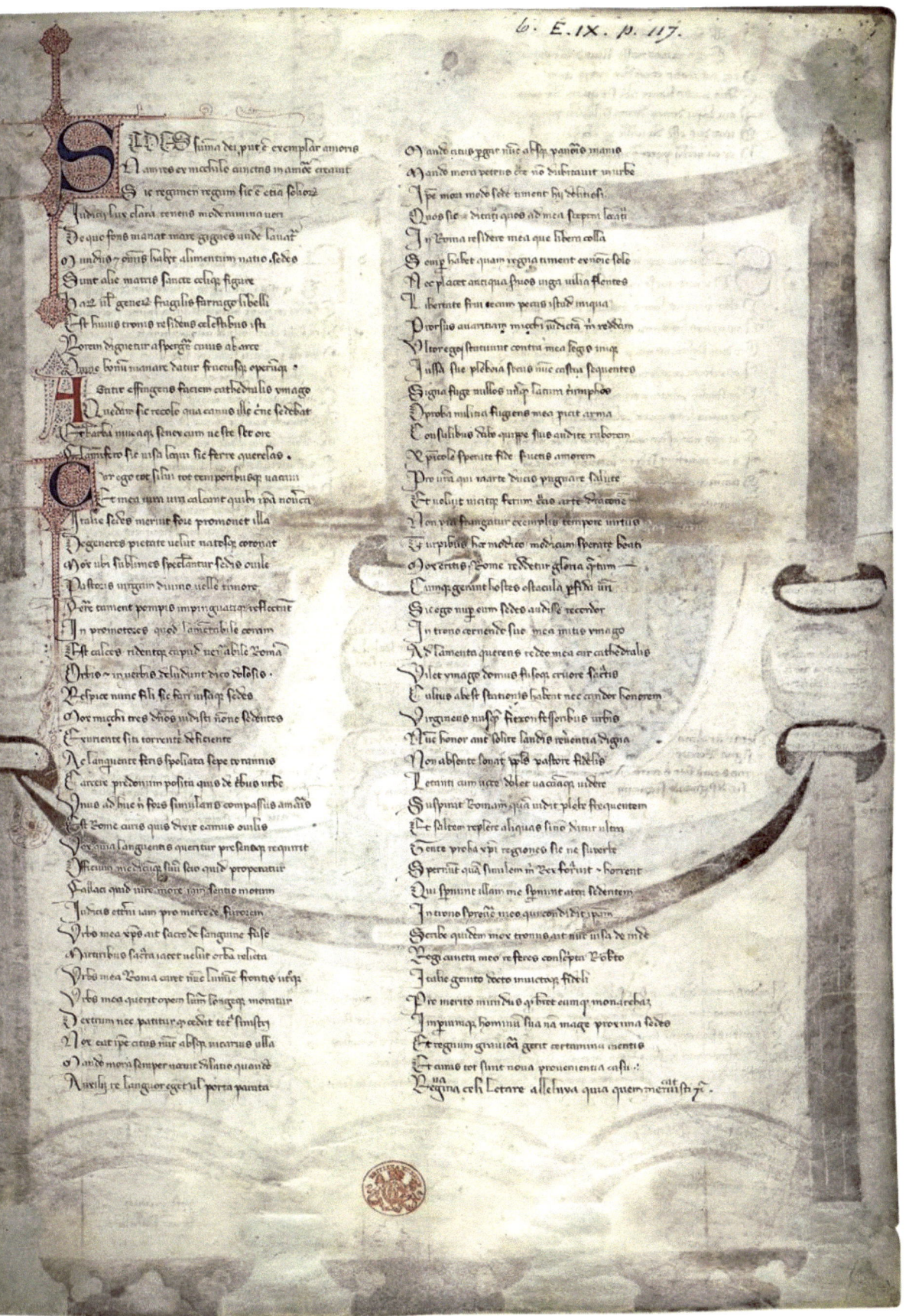

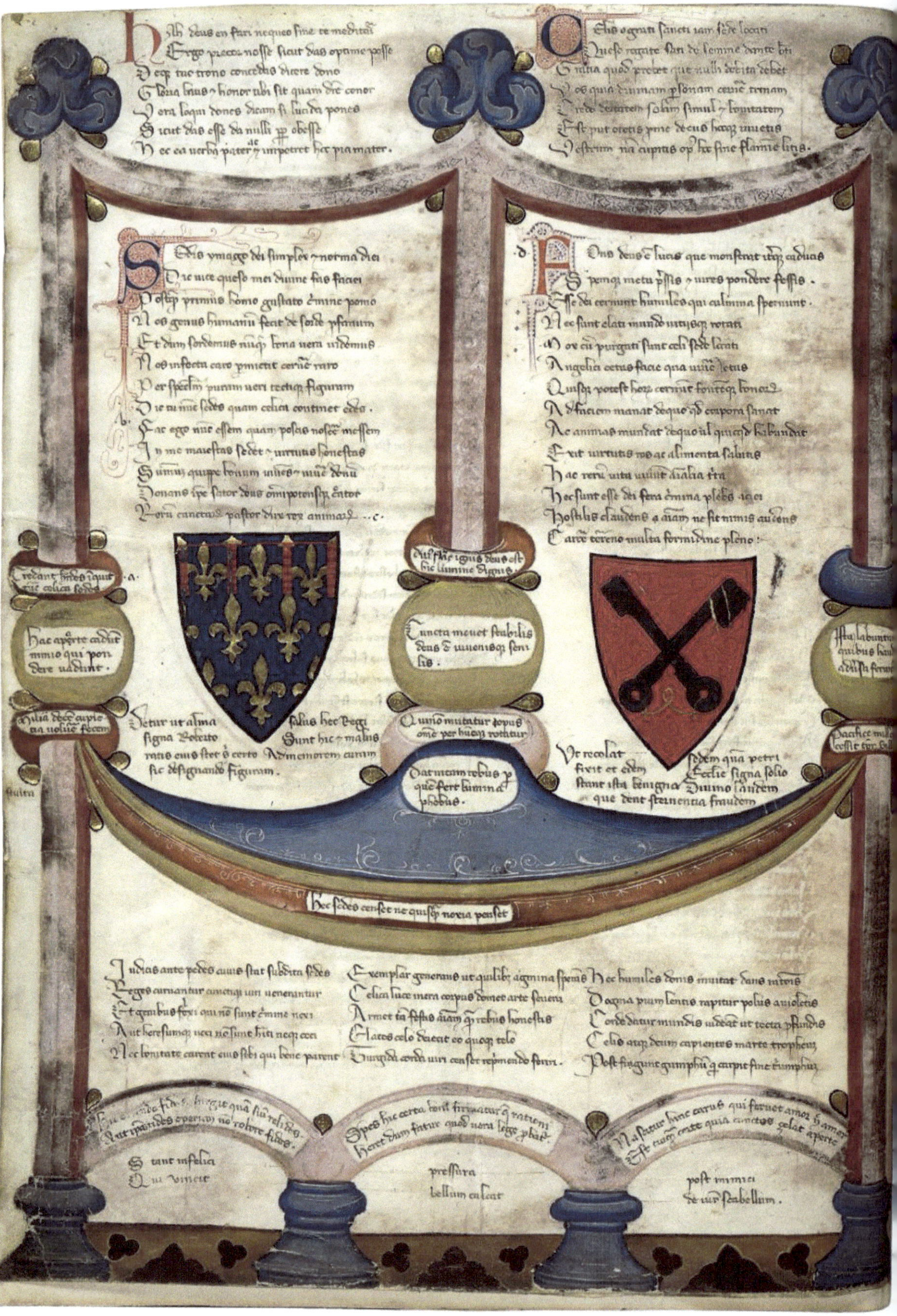

01 verso

Nunc precor audiri sapia diua propinat
Que loquar ipa sinat fari uerbisque polita
Res ego narrabo que sentio nunc sua sedes
Cuius nulli edes que dogmata mira parabo
Quamuis describi nequeat diuina potestas
Vel sua maiestas. possunt signacla scribi.
Desiat indago cupiens reperire medullam
Vel credens ullam uidisse dei uel ymago
Nam licet ex certis eius sua picta figura
Cernitur - pura fidei ratione repertis
Non tamen est factor rerum deus ere putandus
Et formis dandus humanis preuius actor
Ipse deus tali non e uisibilis arte spectabilis
Formarum parte quaque nec ymagine p tali
Aures mortales se foris sentire fatentur
Aut nares rerum olfactu uel fore quales
Dentes gustasse censentur more sapores
Vel similes mores quos forte manu tractasse.
Non deus e aliqua mortalis ymagine mensus
Aut hominum census tractina que fallit iniqua
Hec repeto repetam uarie dictante magistro
Cuius sunt sistra summa penetrantia metrum.
Sunt nunc doctores qui se nescire uidentur
Et que scrutentur celi res interiores
Se censent. erunt aliqui fulgore superbi
Non ueri uerbi gustu tenebras rogo durant
Insistant scripturam quam non cepere benigne
Hec non indigne recipi uult sacra figura
Hec sacramentum diuine uult pietatis
Summi purgatis fore propter salute retentum
Non hic tractare nolens in corpore crimine presso
Et rectis fesso studiis consistere nolens
Eligit hec humiles mundo cordisque nitore
Pollentes ore non uano nec pueriles
Non fictos. duplices. falsos - mente dolosos.
Sed uult formosos animabus quid sibi dices
Tu qui nos credens hominum temptare supernam
Luminis eternam lucem te crimine ledens
Excludis lumen mentis gentium bonitatis

Dotem quam gratis donauit sistere numen
Hec loquor insanis ut nolint uiuere stulte
culte
Cum possint uel se purgare profanis
Dat spatium pietas peccant ut crimina dira
Ergo deus totis operabilis est - amandus
Viribus ornandus cum laudibus undique motis
Eius maiestas uirtus sapia numen.
Gloria fons florum bonitatis - omnis honestas
Primum non uisus mortalibus ille supernus
Nunc ferat eternus que fons sibi dat paradisus
Nec secreta dei sibi que sunt cognita soli
Terrene moli presumat ferre diei
Ipse dies lucis deus est nec pondere tangi
Debet quod frangi solet ex errore caducis
Hec paradisus habet que cor nequit ecce putare
Sicut ios quare sua numquam gloria tabet.
En ego tunc inquit paradisus nobilis edes
Vera dei sedes ubi non te sera relinquit
Absque suis donis decet ut speculum rationis
Plenum nempe bonis dictus lumen agonis
Cum quo pugnare debent qui numen amare
Rite sciunt ecce bonitatis seque piare
Sum regnum plenum dapibus uitalis amenum
Lucis uita senum requies eternaque frenum
Impium mors qui gaudia suo bonorum
Quem factor florum repleuit fructibus horum
Cunctis uirtutum pratum bona pascua tutum
Cellaque plena mero dulcoris lumine uero.
Nil plus iam quero uel prestolor fore sero
Hec michi donauit qui me qui cuncta creauit
Qui quos saluauit - me super astra locauit
Perpetuo etatem regni dedit - bonitatem
Nec dedit etatem mutandam sed paritatem
His quibus est esse quod non ualet inde dee
Non tamen in donis equauit eos rationis
Aut in personis uariarum ius dictionis
Est quibus indago ueri que sunt - ymago
Sic farrago crescendi facta propago.

Luce de[illegible] qua
fit rep[illegible] etna.

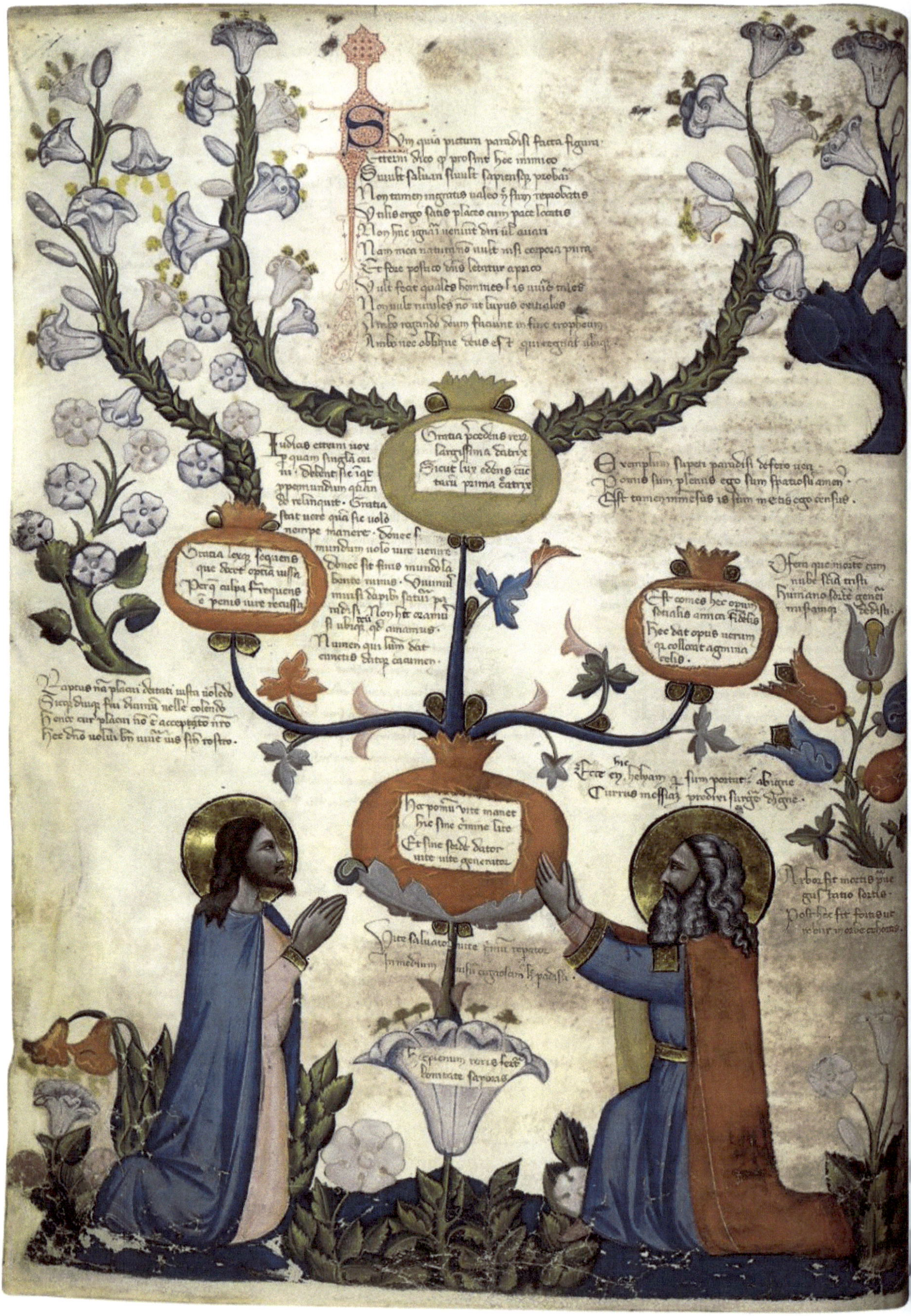

Deuoti atque noti deo qui est unitas
Amatores fruatores eius qui est karitas
Recolans aut portans diuinam ymaginem
Et tenens suis mentis et similitudinem
Nichil ualet que non calet ignis superficies
Non armata corde strata leuis est acies
Siquis claudit os cum audit diuina blasfemia
Vel absconsum fert responsum incidit infamia
Nam tacere tunc est nere maximum periculum
Cum delere uult quis de re aliquam articulum
Fides nostra res est rostra que fugit nocentia
Venienti dei nati quamuis displicentia.
Qui amare nouit care suum corde proprie
Fidem dei fruet et puram uera simplicem
Corde prius fidem prius incorruptam teneat
Et cum ore sui more opum post doceat
Qui peccatum ne patratum sit siquid non impedit
Peccat idem secum quidem non agens quod expedit
Non debere quem nocere cuique precipitur
Et amare ac iuuare cuique iniungitur
Prohibere ne scienter quis tractet iustitiam
Et sincere retinere secum innocentiam
Detractores uel dectores qui ledunt patriam
Reprobari debent nam sunt qui firmat gratiam
Quales stulti extant multi decentes que nesciunt
Et secte indiscreta lingua falsa faciunt
Cur sanctorum quis uirorum minuit iudicio
Visionem intuitionem non firmat officio
Vident deum qui triphonem superiunt demonijs
Et sciuntur qui fruantur celorum delitijs
Sedes dei facti sunt sanctorum anime
Vident uim uirtutis nam lumen sic femine
Et felix sunt amici cum beatitudine
Nam confessi sunt et uisi celi altitudine
Qui sciuerunt et uicerunt mundum spe diutina
Qui mensurant rem que durat in diuina eterna.
Nunc nec scitur nec sentitur aliquo spiramine
Potest falli casu nulli quod est absque lumine
Dimictantur et cernantur archana ostio
Qui non caret nullus neget cuique auxilio.
Maiestatis qui formans aste donat gloriam
Sicut dedit qui accedit quibus uult uictoriam.
Ne uorago qua uinago est sedis non credita

Valet querum per quam terram fert dum est tradita
EGO Sedes dei edes et factura uideo
Ut pugillo sto in illo regis quem substineo
Res miranda ueneranda est quam dicam nimium
Sed credenda et tenenda firma fide cordium
Sessor meus summus deus extat super omnia
Non elatus sed placatus cum dulcedia uera
Subter cuncta portans uncta hec beniuolentia
Et non pressus neque fessus est impatientia
Non inclusus nec intrusus sic est intra omnia
Vota cernens facta spernens malaque consilia.
Non exclusus aut delusus est hic extra singula
Stringens almo suo palmo adhuc acta secula
Et futura sunt factura eius ut preuita
Res presentes tam absentes sunt ut nunc edita
Circum rerum orbem uerum ipse lumen residet
Non confusam nec contusam machinam nam possidet
Officio uiri uices qui tales intelligunt
Si fuerit ipsi mire luci nunquam negligunt
Altitudo fortitudo lux et sapientia
Dico dei rerum mei et summa scientia
Bonitatis pietatis et immensitatis
Qui est uia uita pia et eterna unitas
Non mensura uel censura est tractanda hominum.
Corporali dum in tali habent carne terminum
Nam falluntur decernuntur dum celi iudicio
Vel res hominum qui sanctorum sunt iam de collegio
Tam humano suo uano quam dolo demonum
Mensurare uel narrare homo patrimonium
Nescit dei bona mei carne uiuens penitus
Nisi quos donat et coronat uel accedit celitus.
Nam reuelat sanctus celat quod priuos pacitus — Qui personis dignis donis dedicat diuinitus
Vnus purus non facturis male consilio
Nam secta uult quieta mente in officio
Dei data et fundata humili proposito
Collocare commendare pro frugi deposito
Arte supple et acerbos fugit licet diuites
Excecatum cognita datum fert quandoque palmites
Atque fructus plenos fluctus et maliuolentia
Sed in illis non stat nullis dei sapientia
Que benignos (digneos) facit hec intelligentia — Ad ignaros non suscitatur tetra negligentia
Teneamus ergo gratis data nobis munia
Dei dire queso ire ne temptemus uulnera.

Dons diuini boni cuiusque dat dona
uirtutem.
Neque plus nec minus cuique sat sinus
salutem.
A natura dico cuius cuius omnis uico
comunis.
Pauper pro amico neque pro mendico
in cunis
Habetur sincerus est uir et sincerus
amator.
Sic deus fundator est et consolator
creator.
Sed deus iratus et totus turbatus
est uisus.
Quando stat peccator totus desperatus
diuisus.
Dei bonitate sua grauitate
culpar.
Desperationes hinc nationes
ferarum
Una propter omnis cuius sibi sonus est
ortus.
Hec necem minatur neque consolatur ut
portus.
Nisi sit in luto semper inuoluto
letatur.
Quedam ens plus certa morti false terra
dampnatur
Heresis contra falsis obstinata
doctrinis
Ista declarauit non uult nec sanauit
ruinis
Quedam tenentis sensibus plus sano
se necat.

Ista sibi leti dat putans quod
metum tunc spernat.

Non uisse maiorem futurum dolorem
post mortem.
Tales desperati post hanc cruciati
per fortem.
Hii saluantur certi qui cauent experti
furorem.
Uiuant et cauerne humiles inferne
ardorem

Nec maiorum casum fraudibus inuasum
dolosis Nec in parte feram caudata cornuta squamosis.
Nam meridiani demonis prophani
non uirsus.
Cito euadendi cum spe et flendi
recursus
Sunt frauliores casus et minores
qui restant.
Omnis tam mentem reddentes gementem
molestant.

Nunc ad dei laudem mei uerto uela cum
querela qui est portus optimus.
Deus bonum summum bonum dat amandi
se optandi desiderantissimus.
Toto corde sine sorde mente pura
tota cura qui es rex purissimus.
Cur mortales uiuunt quales nata bruta
culpis tuta cum tu sis dotissimus.
Sine deo quisque mee uiuit homo
mortis domo et fece fedissimus.
Sine dei lege rei ceci manent
fumo uanent ut est is uanissimus.
Non adorans deum plorans est in penis
et catenis ut meretur pessimus.
Cur tam stulti uiuunt multi sine duce
deo luce cum sit fulgentissimus.
Ipsum uitam infinitam cur non petunt
quia spem mouet non est rex ditissimus.
Tam uitandi quam curandi mala facta
uita sancta doctor est cautissimus.
Et celorum et bonorum acquirendi iuris
udendi donator largissimus.
Deum esse ac preesse cunctis rebus
et diebus maximus sit et minimus.
Collaudetur et ametur semper deus ergo
meus omnium altissimus.
In eternum quem infernum dat malignis
lorum ignis ubi rex nequissimus. qui est sol clarissimus.
Suis suis det in nostrum paradisum et se uisu amen.

Ad laudem sedis domini
ut plena suo nomini
resonantur uictoria dicatur atque gloria.
Celi cum sede concinant
nec elementa desinant
pangant aues dulcissime
ut solent suauissime.
Omnia dent animalia preconia
per qualia intelligatur
gratia per quam fit reuentia.
Pisces et cete grandia
hymnos dicant et gaudia
cantent flores et arbores
ut decent dati rethores.
Flamma cum niue glacies
Et hiemalium uentorum acies
et procellarum spiritus
omnis rerum exercitus.
Resurgant laudem mortui
ut referant et cernui
stent et de dono stupidi
et reuixere rapidi.
Sol luna dicant domine
et stelle tuo nomine
pleni sunt celi maria
tellus et aer gloria.
Qui sedes in altissimo
et solio clarissimo
suscipe que dant opera
et que creasti genera.
Preconia cum laudibus
solempnia cum cantibus
qui regnas celi specula
nunc et per cuncta secula. amen.

Sedes laudetur iugiter diuina
ad cuius laudem tu deus inclina
aures clementer tu stella marina
rerum plasmator.
Hec sancta sedes speculum pretorum
per quam fit cedes transfuga malorum
ne celi sedes sit hospes raptorum
uel receptator.
Speculantur ea candidati corde
fruuntur ea uacuati sorde
quam plebis dea fragilis tu mende
fecis amator.
Sedem celestem diligunt amici
utentes uestem tempore felici
per cuius testem fiunt inimici
litis dampnator.
Ipsa piorum generosa mater
fouet languorum auctorem frater
effectus meus qui pius est pater
ac educator.
Manat ab illa iustitie lumen
diues est illa quam diuinum flumen
rigat argilla qua datur carmen
quo fit turbator.
Villa donorum multiplex est dei
argilla quorum fex materiei
est metallorum qua uenit rei
ut flat temptator.
Draco peruersus radios amoris
suos demersus in gehennam doloris
capsit subuersus a regno fulgoris
uis usurpator.
Factus nefandus nefarius extitit
nulli amandus diligere nescit
semper infandus senex iuuenescit
pacis uorator.
Ale nos sedis protegant diuine
dignos mercedis faciant nam sine
ipsius odis uacent medicine
uite qui dator.

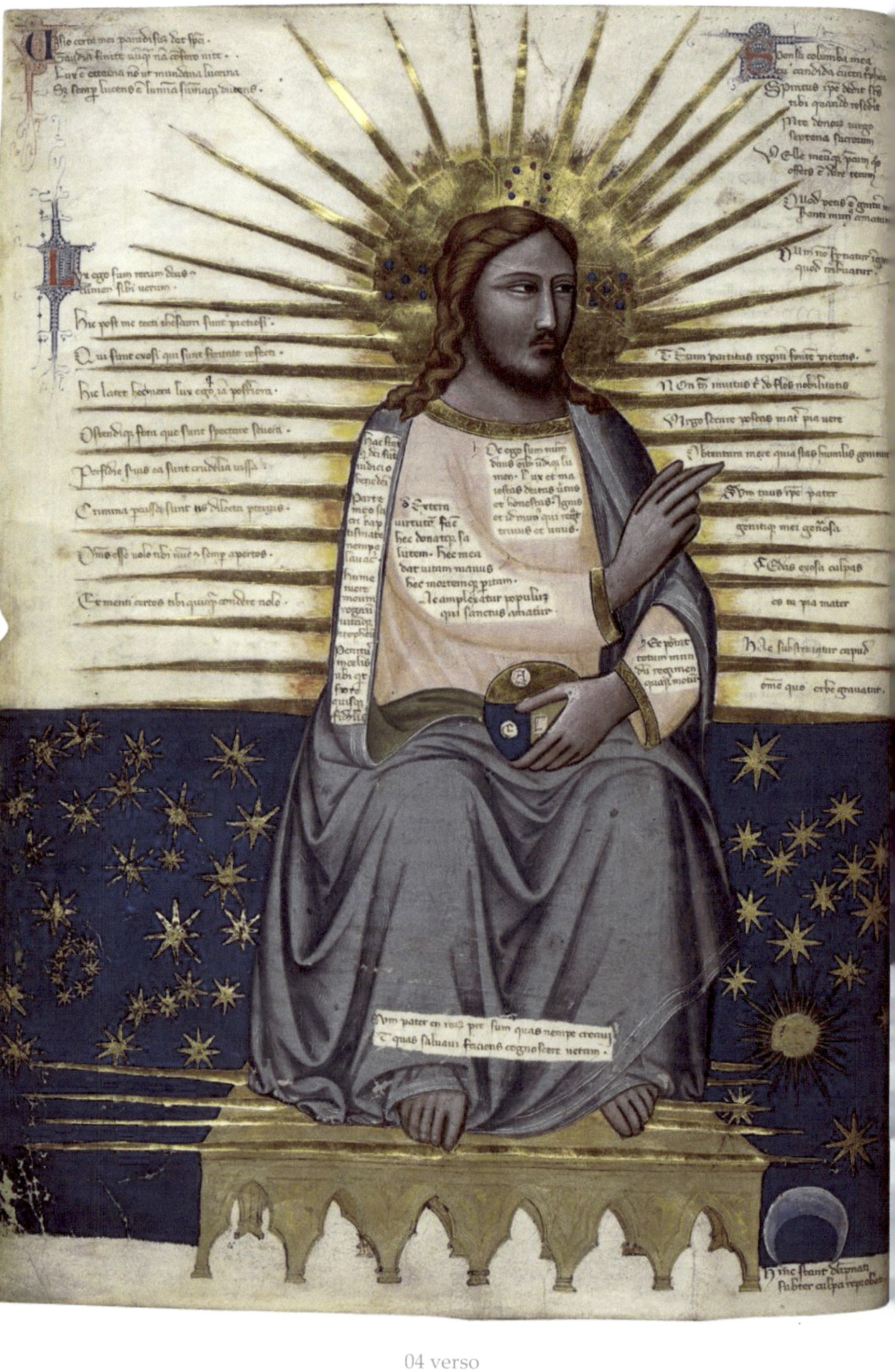

Rex dominorum fonsque bonorum rerumque creator
Mi pater inclite sponse paraclite nate ducator
Cui mea gratia nos neque tertia qua nec habere
Nunc sua noxia nec sibi proxima culpa tenere
Tu quia diligis hec neque negligis hec per amorem
Perpete nunc ut quibus iure praua dolorem
Das reparabile posseque nabile post super astra
Das mala sternere das bona carpere uince castra
Te in cernere das neque spernere nos redeuntes
Te quoque gliscere debita noscere usque querentes
Rex pietatis me miserantis quippe corona
Et bonitatis sancta parentis et optima dona
Me decorasti meque locasti sede priorum
Dicor amabilis et decorabilis inde uirorum
Vocabus omnibus indeque gentibus et ueneranda
Et pia flentibus anxientibus ara et amanda
Sum cunctis supplicis atque laboribus auxiliatrix
Propterea simplicis ipsa doloribus ut miseratrix
Tu que creasti meque parasti me fore talem
Tu uoluisti atque dedisti me specialem
Te quia specto lumine recto te deitatem
Omnipotentem te sapientem te bonitatem
Omnia diligo nullaque negligo que statuisti
Iussa sacerrima semperque tenerrima que tribuisti
Me fragilem tu sic docilem matrem uoluisti
Sic humilem fore tam similem tibi mente dedisti
In precibus das utilibus quas porrigo plenum
Rex aditum das et reditum dulcoras amenum
Accelleras seu tardas feras quecunque petita
Rite facis quia nulla iacis ni luce pita
Iustitiam fuans miseris in das miseri
Iunctiam prauis sceleris non uis retinere
Imperium regis ipse tuum semper sapiens
Psalterium tu preceptum cantasque sciens
Cordi cirans tu sollicitans bene cernere nota
Suppeditans ne ul ruditas sit pectore mora.
Nil feris exprimo scire qui extimo quam cupisti
Et mihi qui tu misereris non modo dicto.

Velle tuum nolo preceptum fleri redenter
Ad deum meum sic teque deum laudare libenter
Adiuro supplex nil fero duplex tu bene nosti
Opto resistere pro uia currere luminis hosti
Cogere curo mostim nocentia lege superna
Ordine puro dico placentia teque lucerna
Te quia fonte luas amene cerno nitentem
Construis pontem pro dape cene lucipotentem
Que tribuatur monte manabi ut reparato
Polorie statur quo uigilantibus fient sine fato.

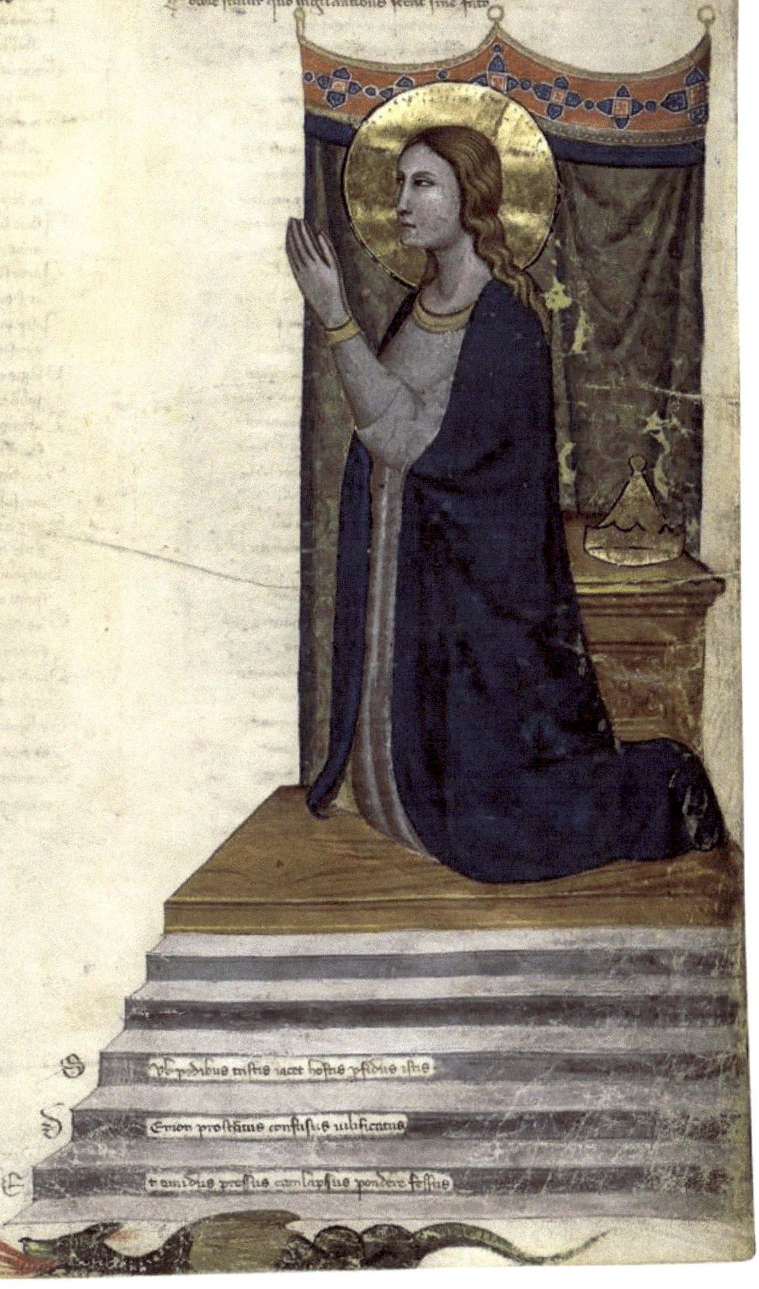

Ore suo ficti post . . os iurat maledicti
Hostem deuis qui fulsis cede draconis

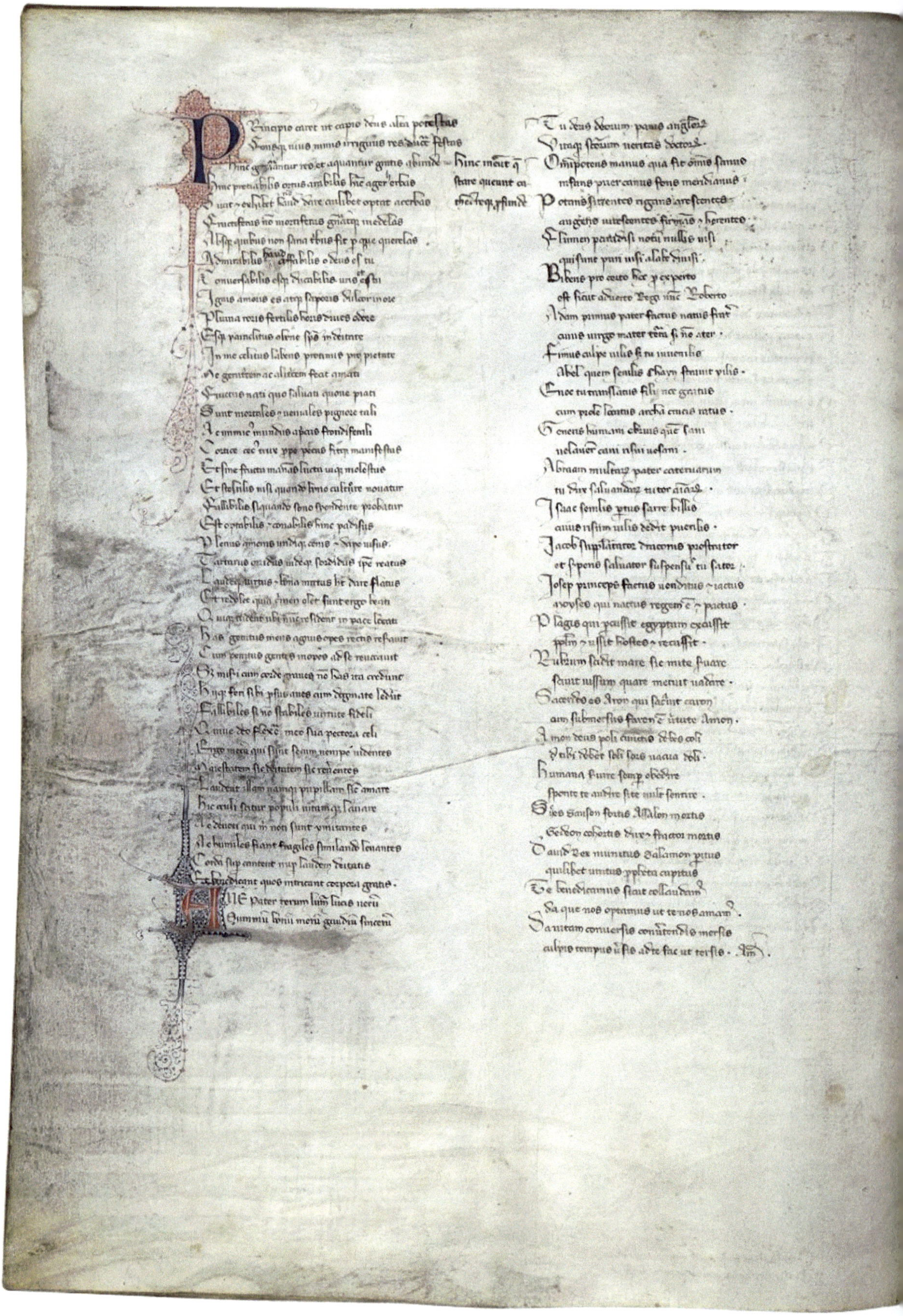

Principio caret ut capio deus alta potestas
Fons[que] uiuus nimis irriguus res ducit festas
Hinc germinantur res et aquantur gratis habunde — Hinc meat q / stare queunt ca / the regi p(er)funde
Hinc pretiabilis omnis amabilis hic ager herbas
Sunt et exhibet haud dare cuilibet optat acerbas
Fructiferas non mortiferas generat[que] medelas
Absque quibus non sana tibus fit per que querelas
Admirabilis haud affabilis o deus es tu
Conuersabilis et[que] dicibilis unus et es tu
Ignis amoris es atque sapores dulcor in ore
Pluma rosis fertilis bonis diues odore
Est[que] pancelitus olene spes indeitate
In me celitus libens promit per pietate
Me genitricem ac alitricem fecit amari
Fructus nati quo saluari queunt piati
Sunt mortales et uenuales pignore tali
Ne cum mie mundus aparis frondiferali
Cortice nec uiue ypo pecus fit[que] manifestus
Et sine fructu manans luctu ut[que] molestus
Et sterilis nisi quando bonis cultura nouatur
Fallibilis si quando bono sp(er)dente probatur
Est optabilis et amabilis hinc paradisus
Plenus amenis undique ceruis et sipe usus.
Tartarus [illegible] undeque sordidus ipse reatus
Laudes [illegible] hic dare flatus
Et redolet quia [illegible] olet sunt ergo beati
Qui [illegible] ubi nunc residere in pace locati
Has genitus meus agnus opes recto reseruauit
Cum penitus gentes [illegible] ad se reuocauit
Et misi cum corde grauem non has ita credunt
Hi[que] feri sibi [illegible] cum dignitate ledit
Fallibiles si non stabiles uirtute fideli
Omnes deo flexere meo sua pectora celi
Ergo meam qui sunt secum nempe uidentes
Maiestatem sic deitatem sic reuerentes
Laudent illam namque pupillam sic amare
Hic oculi [illegible] populi [illegible] lauare
Me deuoti qui in noti sunt ymitantes
Me humiles fiant fragiles similando leuantes
Corda super [illegible] laudem deitatis
Et benedicant quos intricant corpora gratis.
Aue pater rerum lumen lucis uerum
Summum bonum merum gaudium sincerum

Tu deus deorum panis angelorum
Via[que] sanctorum ueritas doctorum.
Omnipotens manus qua fit omnis sanus
infans puer canus senex meridianus.
Potans sitientes rigans arescentes
angelis nitescentes firmans et herentes.
Flumen paradisi notum nullis nisi
qui sunt puri [illegible] diuisi.
Bibens pro certo hec per experto
est sicut aduerto regi nunc Roberto
Adam primus pater factus natus sine
cuius uirgo mater terra si non ater.
Primus culpe [illegible]
Abel quem senilis Chayn strauit uilis.
Enoc tu translatus [illegible] nec gratus
cum prole [illegible] archa [illegible] tatus.
Genens humani [illegible] que sani
[illegible] cani [illegible] uesani.
Abraam multarum pater [illegible]
tu dux saluandarum tutor animarum.
Isaac senilis [illegible] bilis
[illegible] dedit puerilis.
Jacob supplantator [illegible] prostrator
et [illegible] saluator suspensum tu sator.
Josep princeps factus uenditus et iactus
Moyses qui natus regem [illegible] pactus.
Plagis qui percussit egyptum excussit
populum et iussit hostes et recussit.
Rubrum scidit mare sic mite [illegible]
fecit iussum quare meruit uadare.
Sacerdos es Aron qui facit [illegible]
cum submersis Faraon [illegible] Amon.
Amon deus poli [illegible]
[illegible] soli [illegible]
Humana [illegible] semper obedire
sponte te audire [illegible] sentire.
Sies Sanson fortis Absalon [illegible]
Gedeon cohortis dux et fractor mortis
Dauid rex munitus Salamon peritus
quilibet unitus propheta [illegible]
Te benedicamus sicut collaudamus
da que nos optamus ut te nos amamus.
Sanitatem conuersis [illegible] mersis
culpis tempus [illegible] fac ut tersis. Amen.

05 verso

Ignis ab eterno primordia non tua cerno .
Vivus fervoris flammis et ardens amoris .
Nudo niene cremor de nulla pte ne demor .
Lumen es accendens sens animus pectora tendens .
Implens corda bonis et mentes in rationis .
Tu virtus in vita manens sapientia canens .
Absqz senectutis defecta sine salutis .
Tu bonitas mundaque in pacis tpa fundens .
Gloria secerum in visio leta bonorum .
Tu via rectorum vitam tueqz piorum
Ignis in visus pius es lauis et paradisus
Hec ego p tota refero legiomea vota .
Ordinis ipe mei sic ardentis seraci .

Lucem cognosce te fontem lucas et ignis
Ille clares dignis te plene cernere posco
Tu das lux lum tu spergis in arrida flumen
Pandens nam virtutes equore purum
Assistrum cursum stirus equare planetas
Et rex metas nuos et tendere sursum
Regna deos legi de iure subesse potenti
Pectore prudenti soli prius ordine regi
Illa tibi nutu quia cuncta tuoqz potestas
Est tua maiestas cunis sunt oma nutu
Est mera doctrina pfecta scia vera
Congrua sincera pulcerrima stella marina .

Iudicium rectum deus e a fulmine sectum
Nullum defectum ducens adiusta profectum
Tu mea pax inquit que plia noxia linquit .
Et requies leta tua sum sedesqz quieta
Quicqd in absenta quicquid sedet atqz pphā
Est in censura cernente tuaqz figura
Quam fert scptura quam dicunt et facta mira
Si quod dme leges siqd p libera reges
Regna suiqz greges firmant qr rex pie degeș
Semp mutantur si ceta vl renovantur
Quamvis fruantur quedam maltuqz dicant
Sic verbis linquit sic nec plus incitus inquit .

En ego concordo simulqz seraphycis ardo .
Flame stirpe rubi vl que rubet obvia nubi .
Et radys solis nagie dependere molis .

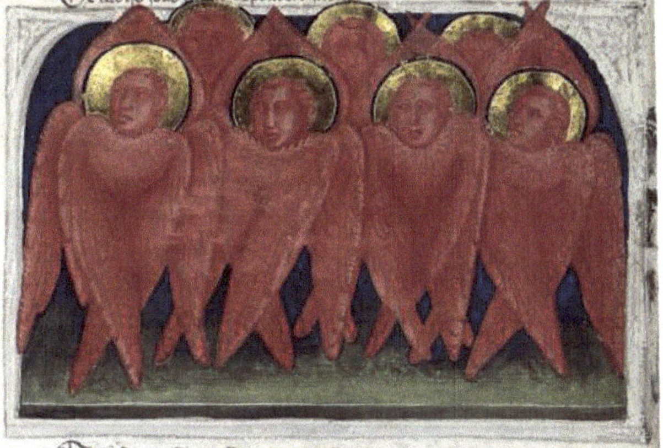

Nudo loqui tali cherubim smone videtur
Queso pater detur m nox cum dogmate quali
Plena queat resia de luce scientia dia
Que referat verum que possis lucida rerum .

b

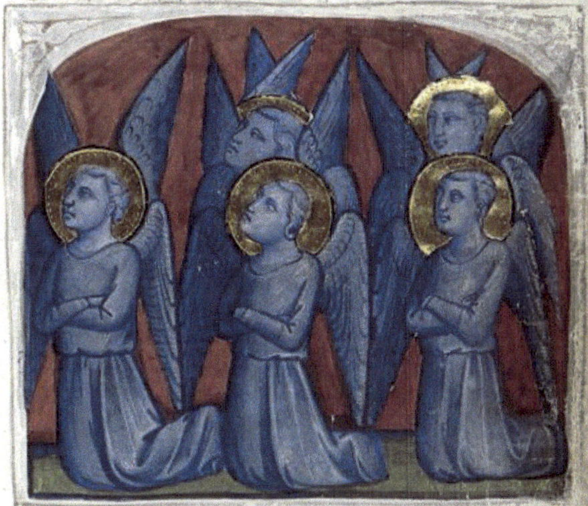

Ordo tronorum requiescens pace piorum
Hec loquitur quorum iudex est factor eorum .

a

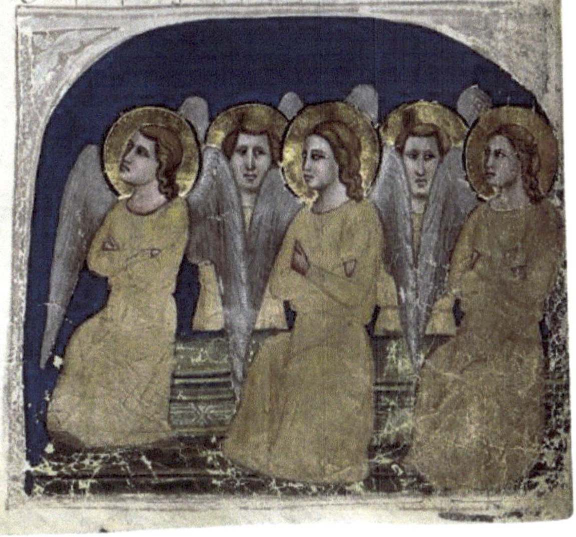

Tu dñus rex dñator et dñorum
Imperium necnon dñans stans imperiorum
Tu cunctis rebus solus rector dñaris
Seruit enim phebus tibi stellis tu uenaris
Iussa facit luna tua cum uariatur in arce
Celi stans una dñaris rex quaque parte
Nos unius prauis inimicis nos dñamur
Nos pte grauis et honestus semp amamur
Inte nos habet uires et spem dñatus
Cum caro fessa labet sibi tunc est auxiliatus
Quisque tuum spnens dñatu no habet ergo
Nostrum nec carnens e pondera que sua tergo
Te colimus dñum dñatio quelibet unde
Semper amare sinum domini debemus abunde.

O princeps cuius sunt omia presidia cure
Mundi son huius solius sit genitare
Rerum quarumque regnorum sine uirorum
Climate quocumque regione super polorum
Per te regna regunt reges et bella quietant
Concordent degunt homines aralia fecunt
Dux cuius primum caput es exaturque
Preponens animum summo fecas occiduumque
Principibus nobis quos celos ante casti
Luminibusque probis et consiliis decorasti
Committens partes quibus inestque preesse
Atque docens artes quibus est his marte necesse
Uincere tres hostes carnē mundumque suosque
Demonis et postus nos fortificaque nostrosque.

Arcendi plene quecumque domanda potestas
Tu deus et lene res euitare molestas
Spiritum cogis uires ac iusta malorum
Arcta mane rogis ubi sunt tormenta dolorum
Tu retines mundum stetum clausumque pugillo
Tu posses fundi sursum dare prorsus in illo
Robur cordati in nim potentia castrum
Arma regens satum nate fertile plaustrum
Tu nobis donas uim fortia nota pandi
Auxilium ponas qui post sunt infera dandi
Tartara sub leges quas a sede tene
Qui ubi sunt reges parentes pectore uere
Orbis ac opum studiis ipsique iuuamen
Ut domus uerum sis semper qui potes amen.

Uos quidem fatur dñatio qui uc uocatus
Est eis mandatur regimen cuius dominatus
Prodest subiectis qui nolunt currere suis
Effrenes rectis fatue notisque proterius.

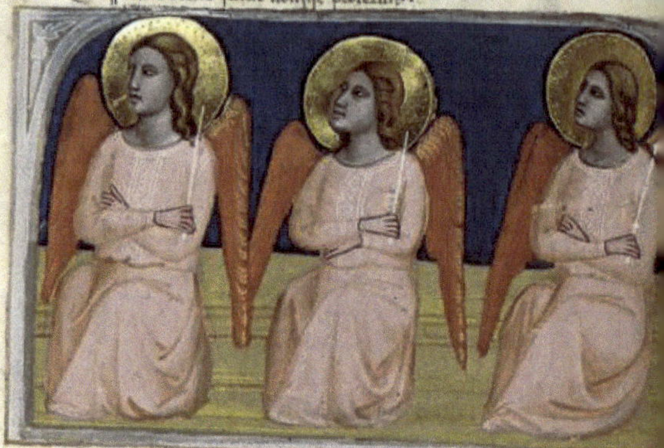

Uos dedit digne sic principibus quia primum
Sunt caput et insigne regnorum quodlibet unum
Est apud impium diuinum uir uocari
Et quia psalterium decet honos sic imitari.

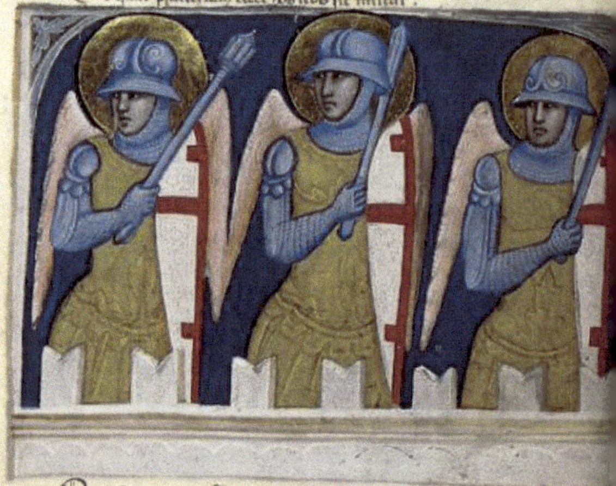

Uos potestatum laudat quia sede manentem
Cum uirtute statum mundi res atque tenentem.
Est prece querendus cunctis regamine pleno.
Ne subeat flendus lapsus necis intus aeno.

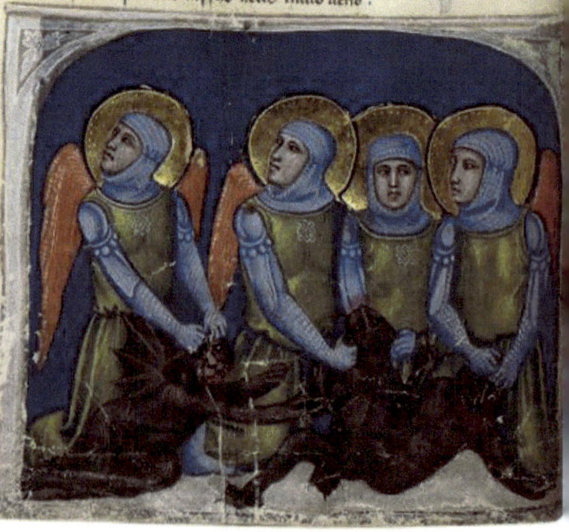

O rdo uirtutum quia nos damus utile statum
O rat mira dei faciunt ope multa dei
T empora signa damus miracula quando probam
F ortes firmamus nobis fide ~ amamus.
T u uirtus iesu deus es quie auita sacra
M ellisicas alma in qua datur inclita palma.
S e michilo passi sunt are quosue casti
Q uosue restaurasti quos dructus ~ deimasti.
T u nobis preces uires opam ubi plores
M de iuuent debent er quicquid sume prodent
S uadume claudi recti totam ubi laudi
T adre defuncti si uiuus sunt ubi uincti
T u coruus iungis die ~ tupectus iningis
M um pietate bona quia tu das ~ pia dona.

O rdo firmarum sic fert archangelicos
A exercituum denunciat arma bonos
F e ssecu poli comissa que sunt sibi celant
S ce reliquis uelant que cognita sunt sibi soli
T u quia natum nosdos sicut tua dona
I n qua psona melius stant hec ima uera
A iunt ista deo presumunt dice stulti
O sancti culti no stut hec rite trophea
R e secreta bona no scant fidei quia demut
A e citore pmunt lucem caueant sua dona
N o sine metu faciunt cupidine sorte
E post aus morte sub tartarea truce theca.

A ngelicus satur deitati nuntius ordo
N on ego discordo rectu dum sic qd agnu
I ustodes posut simus ac hominu ingelante s
D atores diuecos stimulantur menuu peristi
A lma salus cernis humana conditionem
N os damus umbone plus legnis sisse queremus
L eatem no curant defendere mentis honorem
A e ante florem si te grat atra figurant
N oc senare student que sic sentenua clam
A ut dias ara subr sere op stia mudent
A rua das donat his qui pugnare sabilla
G istant in uilla coli sere quosue coronae.

S icut es aurimus nos uere te deitatem
Q md et scimus te dance tuam bonitatem
Q uilibet ordo uidens pne facialiter alma
M aiestas residens tua laudine te qa palma.

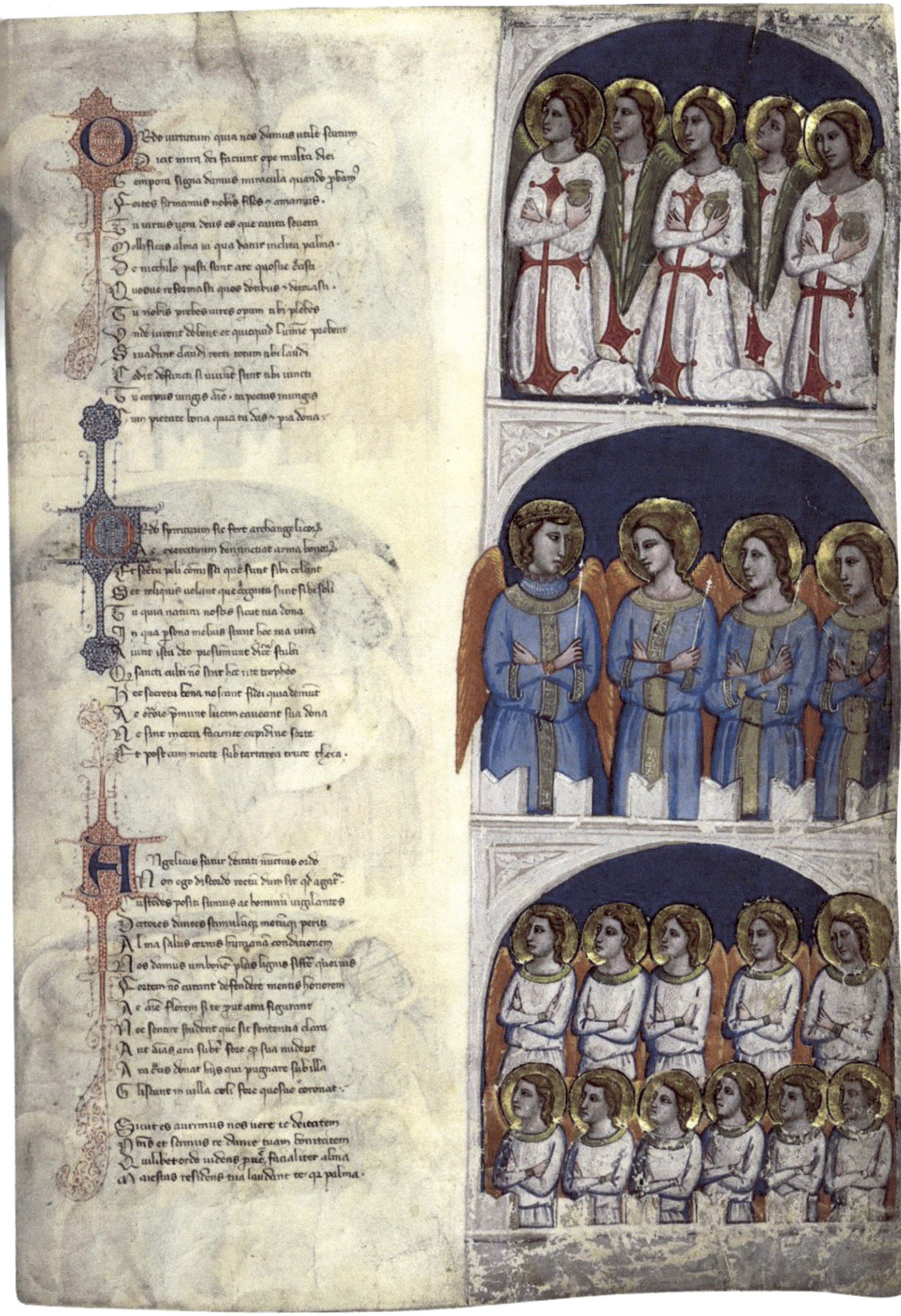

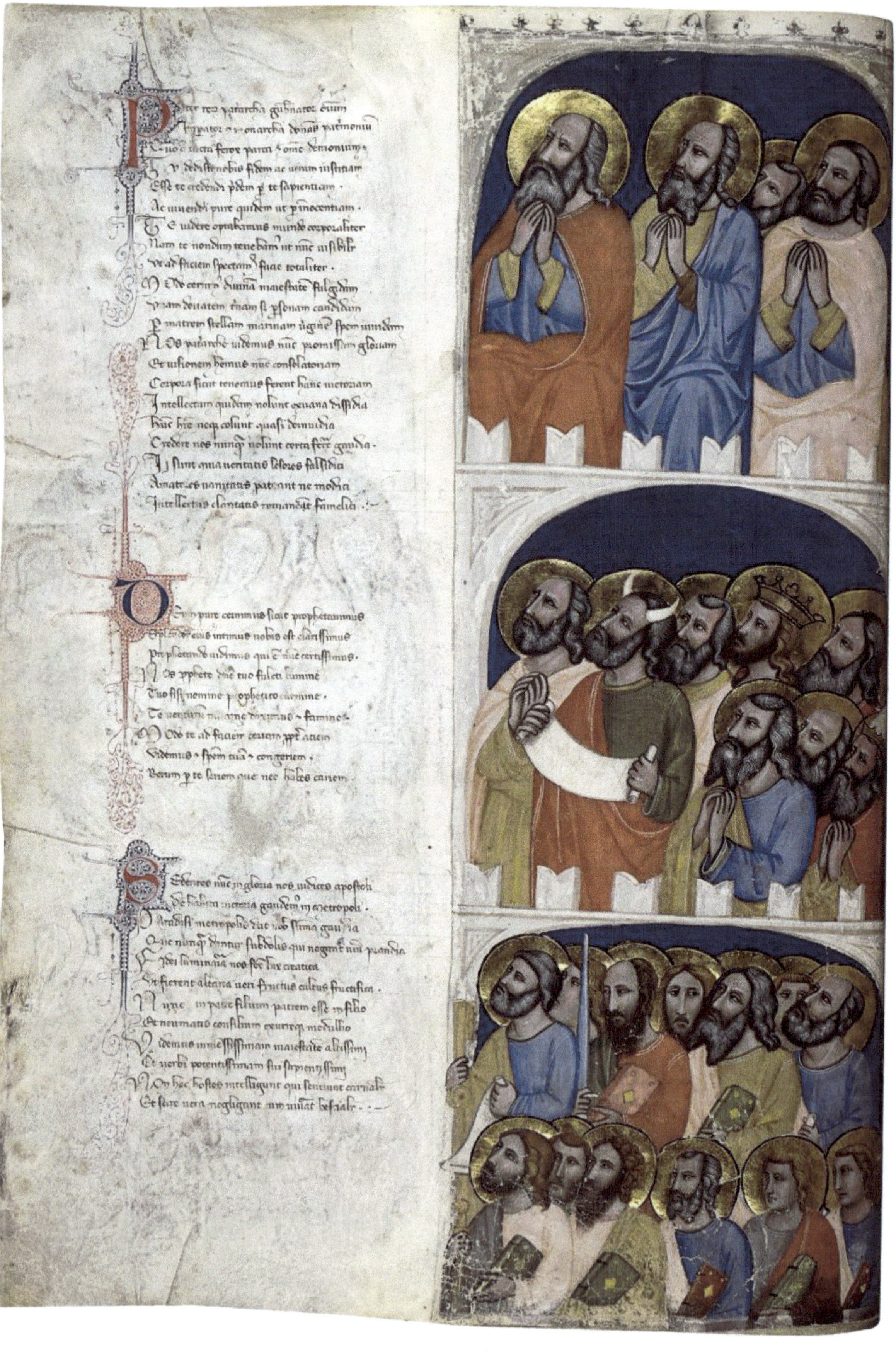

Pater rex patarcha gubnator omnium
Imperator et monarcha donans patrimonium
Qui nos tuetur ferox parti et omne demonium.
Tu dedisti nobis fidem ac ueram iustitiam
Esse te credendi patrem et te sapientiam.
Ac uiuendi pure quidem ut per innocentiam.
Te uidere optabamus mundo corporaliter
Nam te nondum tenebamus ut nunc uisibiliter
Vt ad faciem spectamus facie totaliter.
Mundo certius diuina maiestate fulgidum
Trinam deitatem trinam si personam candidum
Per matrem stellam marinam uirginem spem uiuidam
Nos patriarche uidemus nunc promissam gloriam
Et uisionem habemus nunc consolatoriam
Corpora sicut tenemus ferent hanc uictoriam
Intellectum quidem nolunt [illegible] dissidia
Hunc hic neque colunt quasi [illegible]
Credere nos numquam nolunt certa fere gaudia.
Hi sunt [illegible] ueritatis lesores falsidici
Amatores uanitatis [illegible] ne medici
Intellectus [illegible] remaneant famelici.

Deum pure cernimus sicut prophetauimus
Splendor eius intimus nobis est clarissimus
Prophetando uidimus qui est nunc certissimus.
Nos prophete domine tuo fulcti lumine
Tuo filii nomine prophetico carmine.
Te uenturum [illegible] dicimus [illegible] famine.
Modo te ad faciem cernimus [illegible]
Vidimus et spem tuam et congeriem.
Verum per te [illegible] que nec habes cariem.

Sedentes nunc in gloria nos iudices apostoli
De habita uictoria gaudemus in metropoli.
Paradisi metropolis dat nobis summa gaudia
Que numquam dantur subdolis qui negant [illegible] prandia
Per dei luminaria nos fore lux creatica
Ut fierent altaria ueri fructus cultus fructifica.
Nunc in patre filium patrem esse in filio
Et neumatis consilium eternaque medullio
Videmus inaccessibilem maiestate altissimi
Et uerbi potentissimam sui sapientissimi
Non hec hostes intelligunt qui sentiunt carnaliter
Et scire uera negligunt [illegible] uiuat bestialiter.

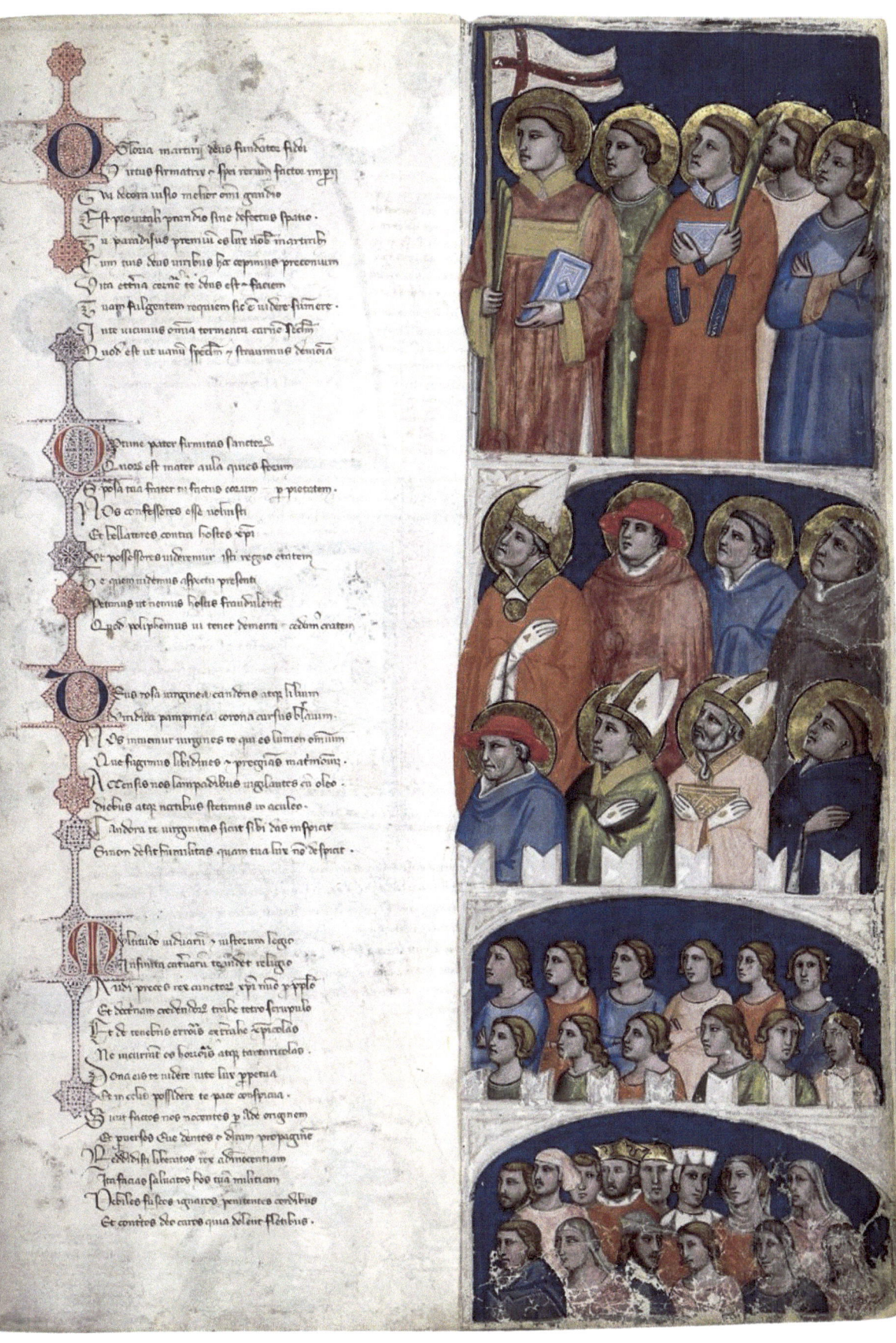

O Gloria martirii deus fundator fidei
Virtus firmatrix et spei rerum factor in pyri
Qui decora visio melior omni gaudio
Est proemiali prandio sine defectus spatio.
Tu paradisus premium es lux nobis martiribus
Cum tuis deus viribus hec cepimus preconium
Vita eterna cernere te deus est facie
Quam fulgentem requiem sic est videre sumere.
Inde vicimus omnia tormenta carnis [illegible]
Quod est ut vanum spectum et straximus demonia

Optime pater firmitas sanctorum
Quorum est mater aula quinces foeum
Sponsa tua frater tu factus cecatum pro pietatem.
Nos confessores esse voluisti
Et bellatores contra hostes Christi
Et possessores videremur isti regno etatem
Hec quem videmus affectu presenti
Petimus ut nemus hostis fraudulenti
Quod poliphemus ut tenet dementi cedam cratem

Deus rosa virginea candoris atque lilium
Vindicta pampinea corona cursus bravium.
Nos invenimur virgines te qui es lumen omnium
Que fugimus libidines et pregias matrimonii.
Accensis nos lampadibus vigilantes cum oleo.
Diebus atque noctibus stetimus in aculeo.
Pandora te virginitas sicut sibi das inspiciat
Sinon desit humilitas quam tua lux non despiciat.

Multitudo viduarum et uxorum legio
Infinita catuarum te gaudet religio
Audi preces rex cunctorum Christi mundo populo
Et doctrinam credendorum trahe tetro scrupulo
Et de tenebris erroris extrahe Christicolas
Ne incurrant eos horroris atque tartaricolas.
Dona eis te videre vite lux perpetua
Et in celo possidere te pace conspicua.
Sicut factos nos nocentes per Ade originem
Et perversos Eve dentes et dirum propagine
Redemisti liberatos rex ad innocentiam
Ita facias salvatos hos tua militiam
Debiles fuscos ignaros penitentes cordibus
Et contritos deo caros quia dolent fletibus.

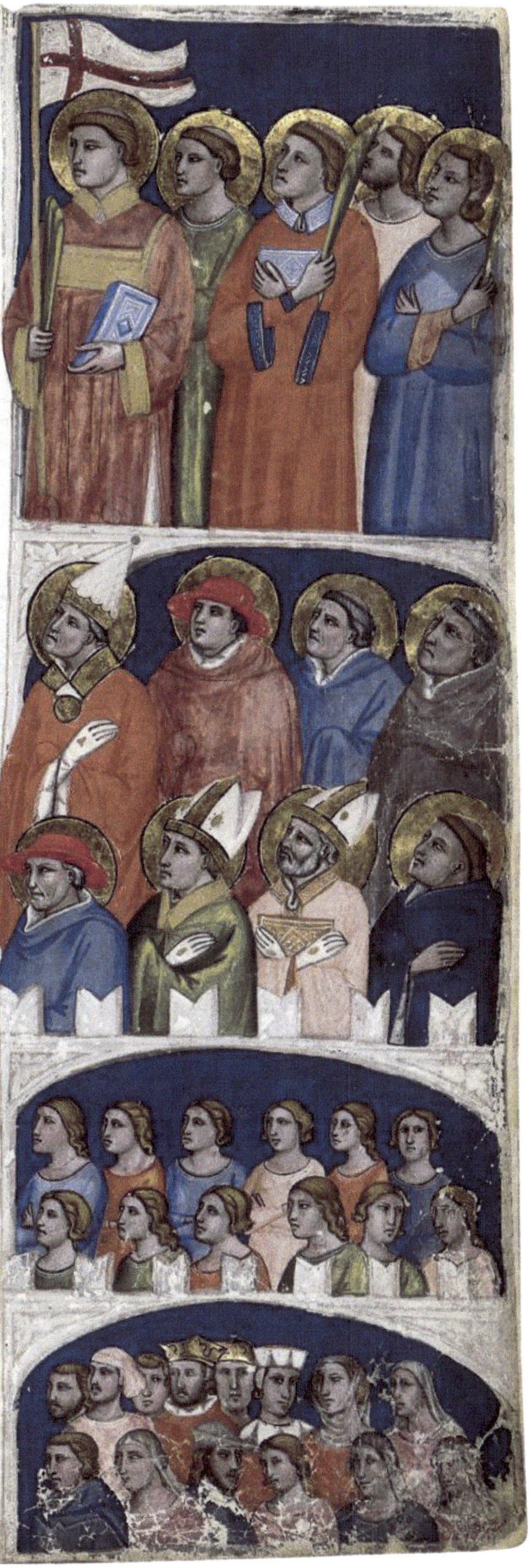

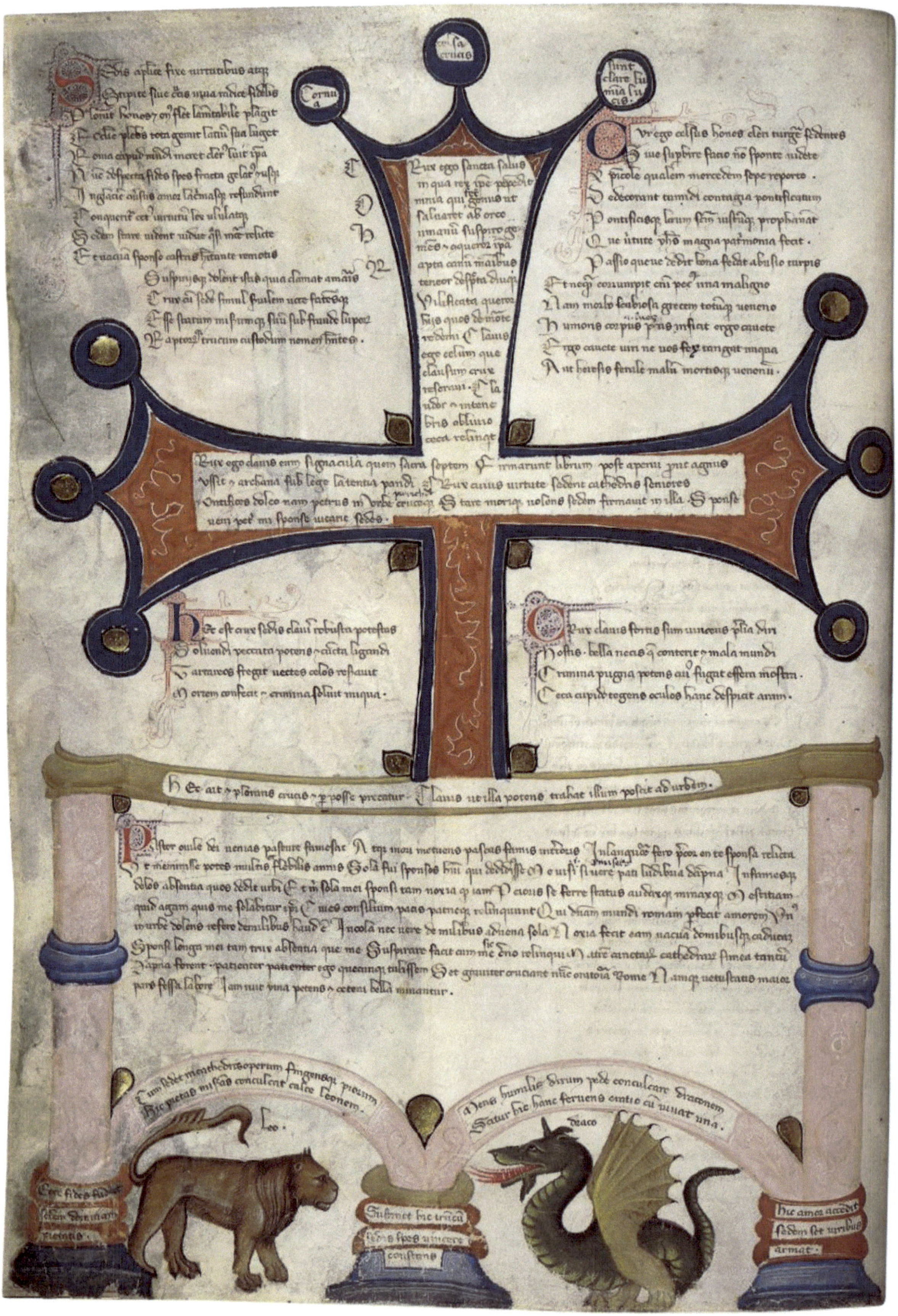

08 verso

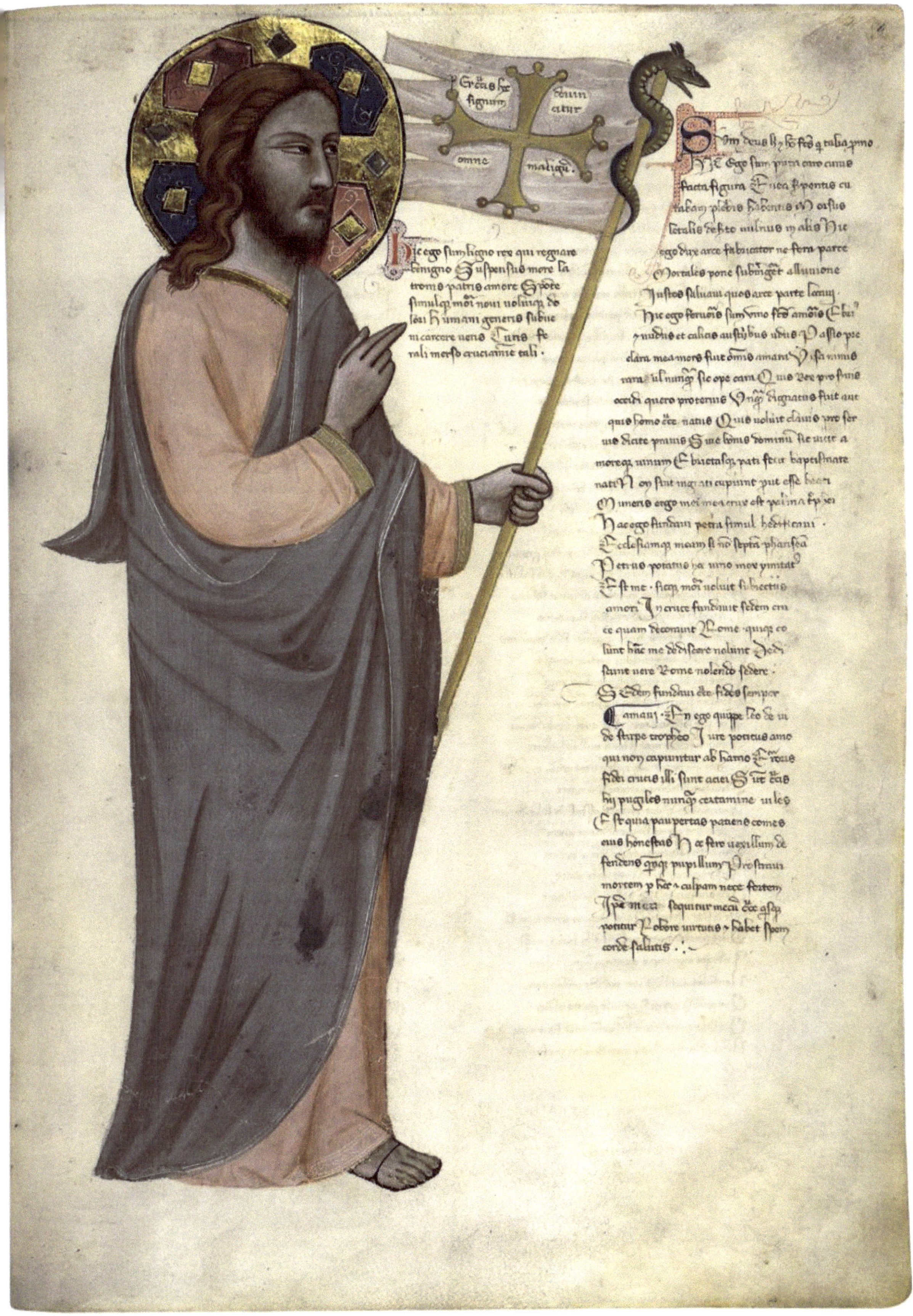

Gnem quem lucas in terram micte ueni
Ardeat atq; cunctas mortales lumine pleni
Quippe nolo fiant 7 dulcis pacis amore
Cum qua bella piant que sunt infecta core
Delitie mundi causas prebent glaciei
Et nos iocundi feruoris in are dei
Si male fruantur ul iniquu dent in usum
Hys fruolnantur stulti cor hnt male lusum
Delitys credunt qeatur pondere sursum
Tali nos cedunt na non faciunt ego cursum
Non feci talem paup sum paupe natus
Matreq nolo qualem feci sit ad astra meatus.
At successores qui regnant discipulorum
Nec possessores gazarum nempe meorum
Sunt nos delitias nolentes linque terre
Cum sibi blanditias promictant plia gnere
Et figmenta doli pinguescunt delitiosi
Se carpuntq; coli reuendos si uitiosi
Fiunt illecebris fordescunt ergo cibati
Sepe dapis celebus pinguedine postq; grauati
Nec mea iussa uolunt ul nec uiga digna salutis
Seq; liquore colunt membris adduana solutis
Hij uiolant mores alior seq; sequentes
Inficiunt flores quos gignut sem decentes
Est peius omen q nolunt uerbere tangi
Pecus nec limen pmictut moribus angi
Monstra sum rectis illos qui uerba reponat
Que pro despectis reputant michi bibi donat
Tamq defectus mea si bona nullus habere
Credat qui tectis non uult ardore tene
Tecta bonis debent uirtutu una uitere
Ante quibus debent prebent assensum filij uere
Cur nullus patres sine conditione uocari
Qui nostis fratres uos no debere putari -
Infirmos ueni non sanos mete piare
Debet luc uiuem qui nesciat eam radiare
Ut discat. doctis no sunt documenta necesse
Quos tenebre noctis noscunt sibi luce preesse
Indiget ergo ducis cecus qui lumina clara
Non habet aut lucis iam perdidit inclita cara
Que genosa creat sicut uult gratia pleni
Qui sunt quine queat discerne quid sit ameni
Non ut dat mundus pacem do naq; profundus

Mos no iocundus fertur quartuq; rotundus
Quas sunt geniti male de ueute periti
Inde nec auditi nec sunt dulcedine miti
Non monstrant uera si pompas lumina fera
Sut sua sincera nec sunt si uerba seuera
Audiat omis homo que nunc hic designate promo
Omia uota dome uenientia duplice pomo
Simplicatus cordis no est comes impia sordis
Pacis concordis tam est osors capa cordis
Hos ego semp amo q ament me pector clamo.
Et carpis carno capio dulcedinis amo
Vadant mando cito roma qui corde pito
Sut ex contito fingentur abinde capito
Si spernent iussum q iter ia cerne recursum
Vlterius penam supaddam iamq; catena
Mors tenet & falces resecet quibus inata calces
Orbibus cesis 7 digno uulne lesis
Urego quam Roma que queq; sacerrima poma
Pene tenet tumbis & candidiora columbis
Corpora scorum tot milia nota meor
Et legi sedem spreta e ego totius eedem
Orbis sacrarum cum uiribus cedicarum
Hanc dnam feci fidei uirtute refeci
Matrem sacu cum cunctas cuiq; dicam
Sanguine scor multo torrentis cor
Martiry fuso nec tangs flumims uso
Vos elegistis aperite delozibus istis
Nunc oclos mando quia uos dolore nefando
Decepit scora spelincas & loca morti
Subdita pecci nunc sic estis laqueati
Seruitus ipsa dedit laqueos que corde resedit
Pontificum quoru sic mentio nulla bonor
Quare audetis respice uireq; uidetis
Qz sine uirtutis opum locus e quumq; salutis
Fratribus meanus residens nullibi humus
Rome stat frugi semp fallacia fugi
Vos q figmenta capitis. lasciua bolenta
Prohibui illecebris uos uultis obesse tenebras
Non dcau terra uos leditis inde faretra
Insontes cerebro uro fumante cerebro
Non dubitetis ego qui semp sum quia dego
Eternus meritis ero cum dulcedine mitis
Tunc quid audebunt iniusti quando timebit
Auditumq; malum ferentem funere talium.

Passe

Passio uera cristi clauis credenda priorum
Et que firmauit feratatam gloria nostra
Est crux qua xps pro nos redimendo pependit
Hec clauis loquitur quasi dedignata teneri
In manibus cupidis sedentibus atque superbis
Cernens quod clauis sapiens aperire pura
Et firmare studet moderamina uitere oe
Legis iter ducente manu puersa nolente
Non ornare datur mea docta sancta clauis
Curtembor ut laqueos et retia noxia tendam
Scandala cur fodiunt inuertentes cornua tauri
In singles figunt eius ferrique catenas
In fortes ponunt quod texit aranea rete
Hostia pauperibus claudunt. pandunt abundis
Diuitibusque fores et quelibet interiora
Spe cupidi suante domini patrimonia xpi
Sunt collata uelis sisare uel ore potentum
Deposcente precii uel cum dulcedine ficta
Aut dant prebendas ipsorum sanguine natis
Seu bene inuiosis seu nobilibus trabeatis
Aut non sponte probis raro tamen accidit ultro
Ut dignos meritosque uelint solamine leto
Prelati de more frui liuore maligno
Sic et agente dolo seu dedignante superba
Et tumida ceruice sedent dum culmine uileo
Obliti qua sorde sinu uenere uel ortum
Nobilitare suum credentes obuice fronte
Elati cordis uel si magnalia spondent
Aut indignentur facili rancore citato
Tanque galline geniti natalibus albe
Nos alios ouis uelut infelicibus ortos
Esse ferunt. animis tantum dant crimina mitez
Hei potius ferum uere feruntur aselli
Quem feriunt muro simili uel fortius ictu
Seruus doctrinam xps dedit ore magister
Nonne suis quanto sis maior in omnibus ipse
Te reddas humilem sic delitias grauiores
Hostendunt humili nati de sanguine nup
Ad talem currus auriga sedis beatum
Discordes pepulere meos et robora clauis

Cui commissa iacet inclusa potentia claustro
Europe medio uix clauis pars ueneretur
Teuthonie modica set grecia tota negauit
Sedis apostolice iussis parere salutis
Ausonie lombarda mouet prouincia caudam
Quaque die spernitque nouum pontificis certa
Pestis aquata dolis et seno pasta ueneno.
Ad quid ego lucem per pectora tetra refundam
Reuiuant nati lucis genitos tenebrarum
Perfidiaque suisque uijs puersa ruina
Est anime morbo prauum superaddere morbum
Iungere puerso puersas et agminas uires
Irato gladium furioso pandere casum
Et stipulis ignem calcar prestare cadenti
Bis bibit aternis pater ille pius sceleris annis
Sanguinis humani fundendi flammina cura
Illa fuit. lites incendere. fingere partes
Perpetuis odijs domini uenerabile templum
Edificare decet cum pontificatus honore.
Nec missas celebrare gemens en ista dolore
Nunctis nota uiris illum decet esse receptum
Adiecta patrum turbamur nos fore clauis
Arbitrio lacerantis heu cupientis iniqua
Quem neque fert pudet domini maledicta cuiusque
Et decorare malum nectit formidinis usum
Auditote rogo que dicam que mea metrum
Fert robusta soror uelut is qui non quit sine
Que iubet incensus cum crebris ictibus et sic
Incitat aut stringit sic nos et iura phennis
Celeste turbat nam nostra potentia dicta
Nil ligat iniuste nec nostra sancta fortis
Sine potens dici debet. nec soluit inique
Monstra ligant. soluunt. resistant. clauduntque catenant
Postquam fracta patet uel diruta porta sacta
Est sacra post fractum laomedontisque sepulcrum
Postquam plenus equus sic crepsit pergama grecis
Lignens armatis sternuntur menia troye
Quid nos auxilij clauis inde ferre ualemus
Exeat e sicto dux carcere tunc remdebit
Quid ius nostra ualet quid nostra scientia nouit.

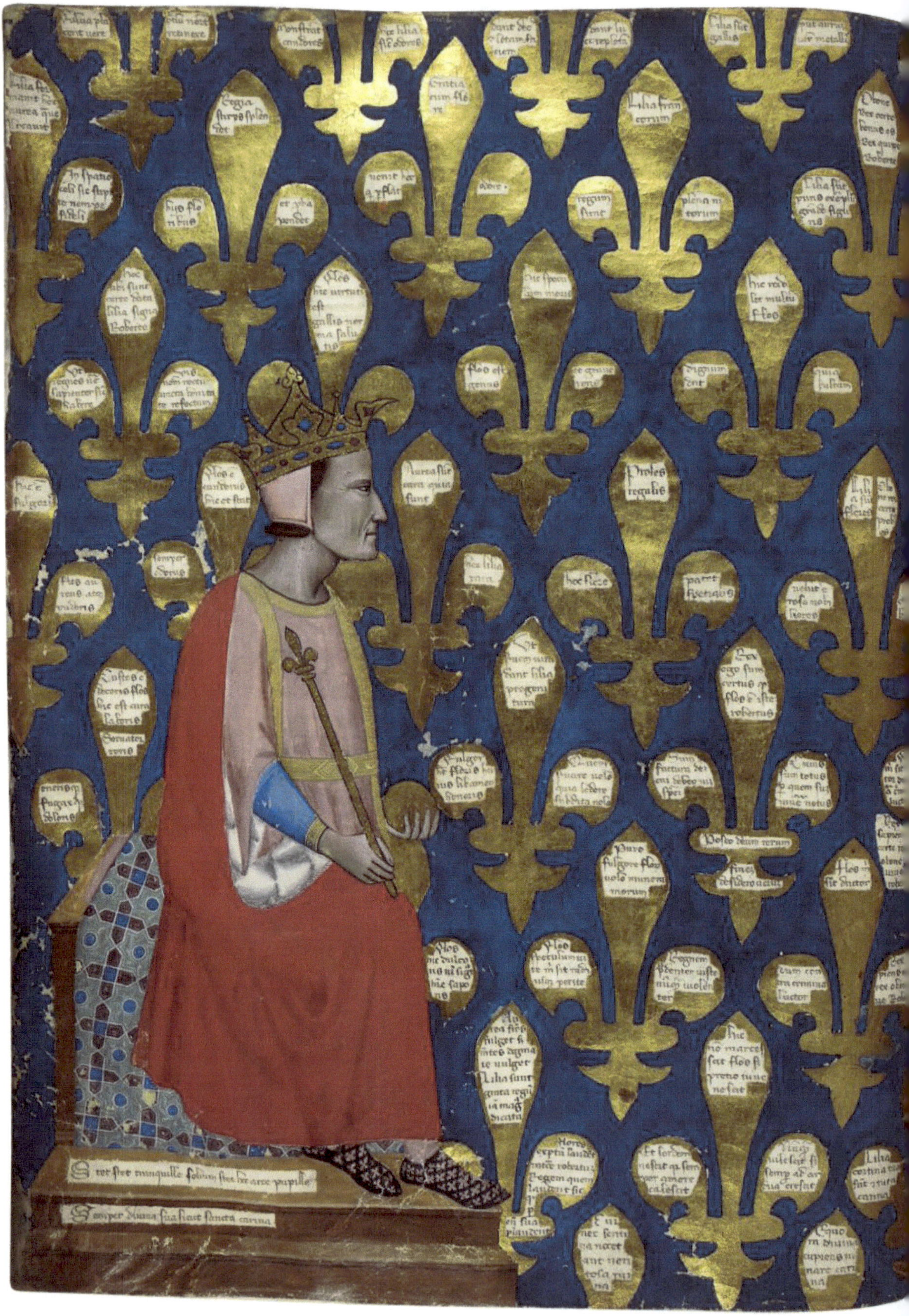

10 verso

Rex invicte potens acerrime dicte Roberte
Ac generose pie quolibet ac ope
Rex ex madie sis constans et mente secundis
Rex [illegible]ingens rex pietatis amor
Rex cui secure possim mea dicere pure
Iura nefasque datum virus et omne satum
Et lamenta feris dapnis commotaque multis
Atque modis variis ictibus innumeris
Rex ego sum quondam regnorum nomine princeps
Italiam quam gens omnis ubique vocat.
Vix nomen superest ut me cognoscat morte
Quisque qui novat quam bene nota fui.
Fugit honor virtus et clara pitia fugit
Fama probis fugit maculata viro
Egregius cessit sanguis semper probitatis
Militie fugit ordo subesse sciens
Et genus atque decor nec amor patrieque remansit

Vel sitre sore metuunt ut forte venire
Sunt tua verba gravi sensu libramque suam
Lance Roberte quidem pondere vendo fidem
Posse tuum fortes habet in bellando cohortes
Aveliando placet plus tam virique mere
Me tibi commendo Rex sis misereris in flendo
Hec expono tibi multa venena bibi
Plena necis pocus in pocula sepe dedere
Effecti diri si mage quippe lupis
Potavere meam puto peiore sique medea
Ne credam calidam sive sitim validam
Primum via per plenum fuit acriore venenum
Igne fuit mortis ast aliudque feris
Et flammas flabat que me merore cremabat
Atque furore suo fervet hec assiduo
Me non manus solum laniare ruunt
Set cambris apulis barbarie populis
Ores experte que defleo dum Roberte
Dapna meo rogo compatiare rogo
Hic rogus est mortis ut plusque mors fera fortis
Urit adulterium dum tenet imperium
Ignis avarorum iam surgit ad astra polorum
Celestes ut opes videt agens inopes
Invidie dimus pungens et lucida fumus
Turbans atque polum fedat ubique solum
De reliquis dicam lingua tederet amicam
Ipsa referre decet lingua que illa facet
Rex pie parce feram tam quam recolis
fore venam. Nec possum ceteris in
retinere foris. Occultare negat
flammas rogus hic quem degat
scindens lucem monstrat habere vice.

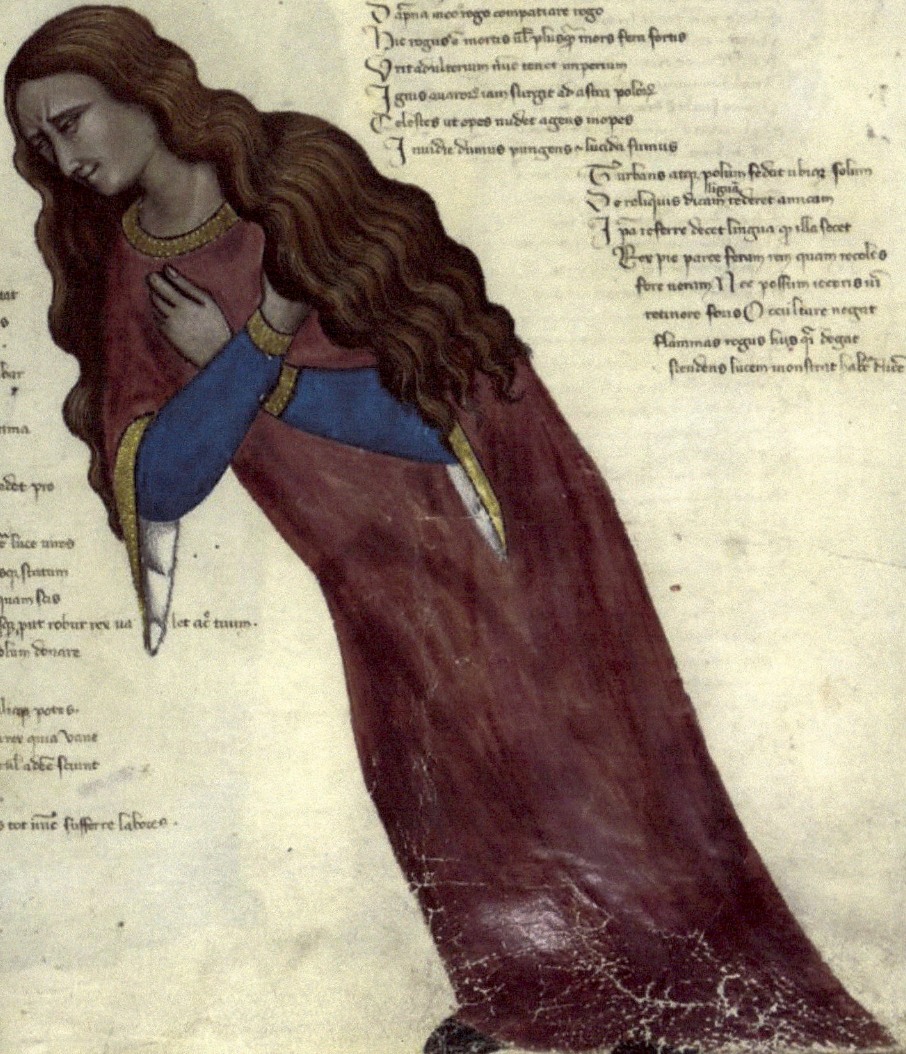

Comunis nec qui par
vallaris erat
Pax neque que cives
concordia nectit et arctat
Est meum lacrimans
fugit hyando vale.
Imperio cunctis dominabar
libera regnis
Occupat at fines plurima
villa meos.
Heu pudet et nudam tedet pro
ducere vitam
Et piget infestos passa sum luce vivos
Nunc solam deus in desque statum
Desque bona parce deus quam sis
unque salutis. Desque patet robur rex valet ac tuum.
Rex potes hec certe solum donare
Roberte
Consiliumque potes auxiliumque potes.
Nemo potest sane sic tu rex quia vane
Blanditie fingunt te ut addere sciunt

Et piget infestos tot nunc sufferre labores.

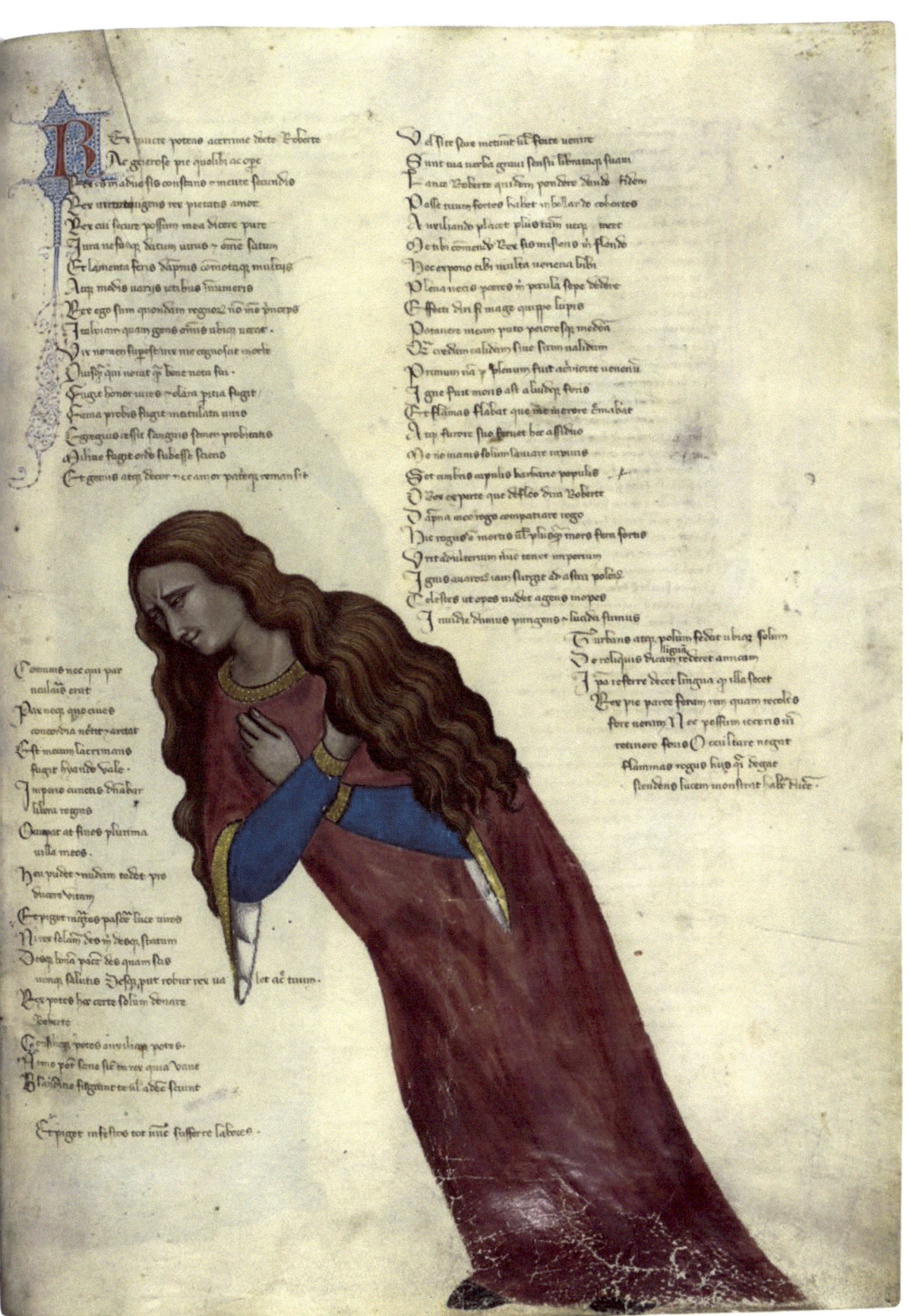

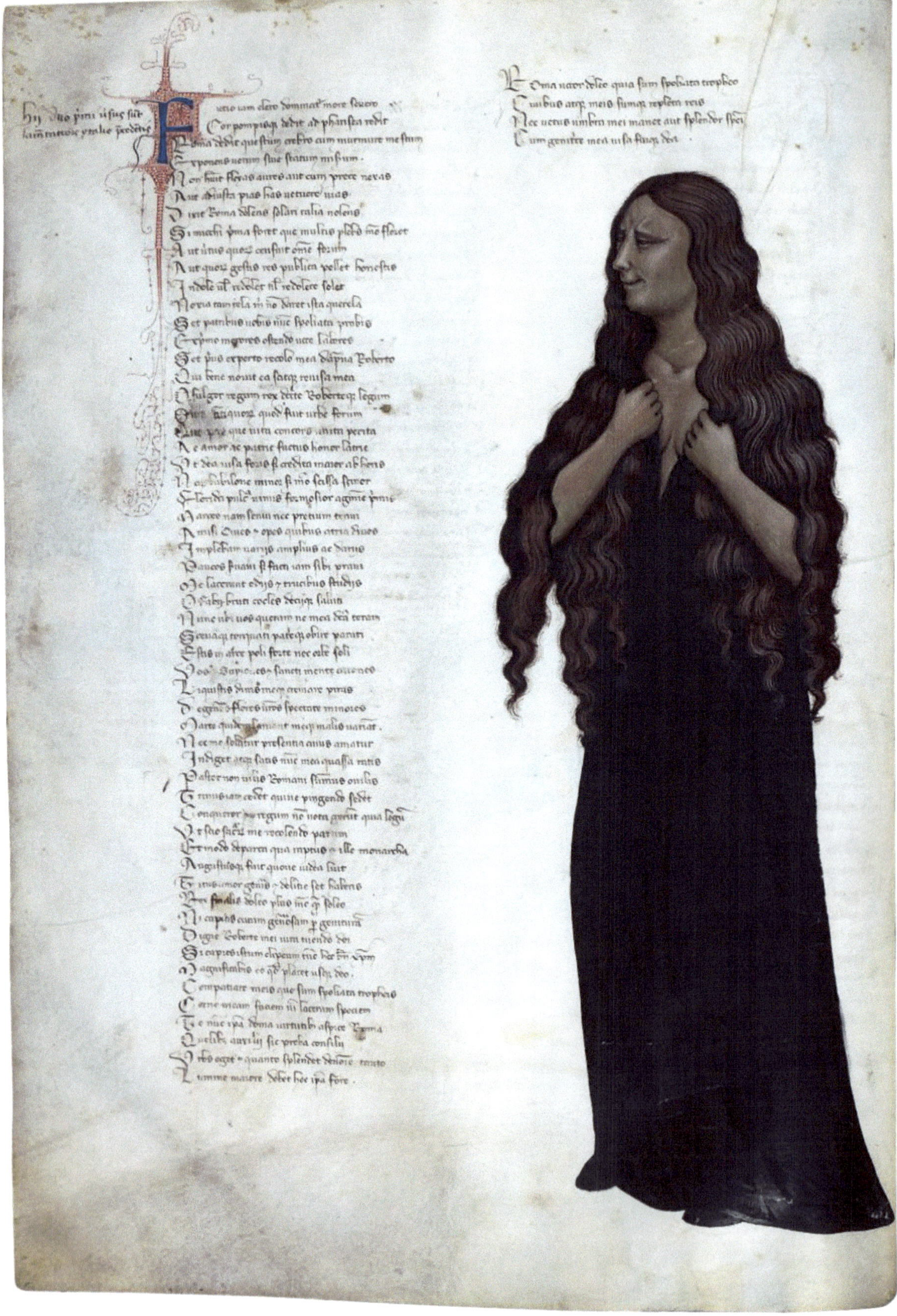

11 verso

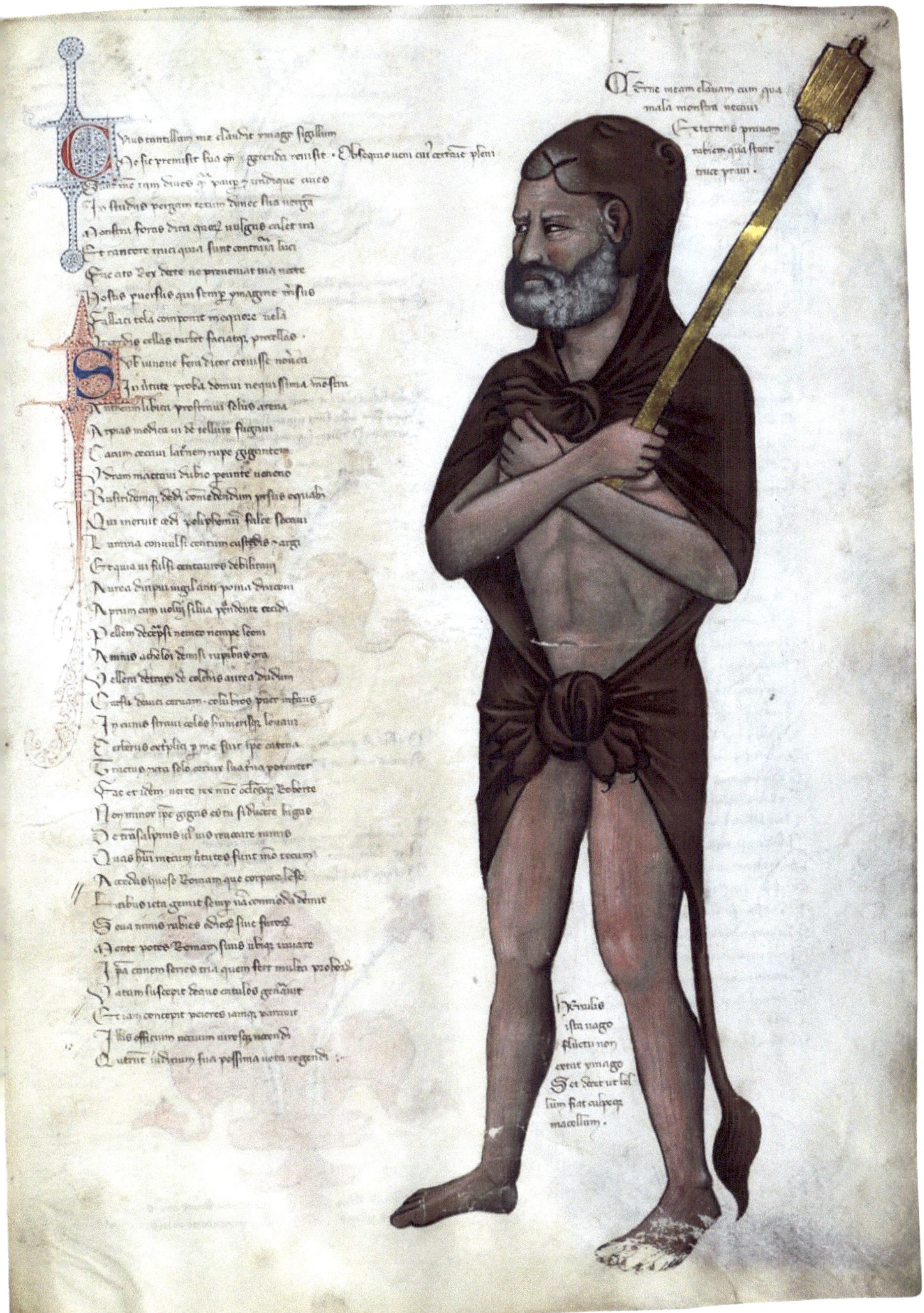

Cuius tranquillam me claudit ymago sigillum
Que sic premisit sua que gerenda reuisit · Obsequio ueni cui certare pleni
Cum me tam diues quam pauper et undique cinco
In studiis pergam tecum donec sua uerga
Monstra foras dira quorum uulgus caset ira
Et rancore mici quam sunt contraria luci
Fac cito Rex dexte ne preueniat tua nocte
Hostis peruersus qui semper ymagine insus
Fallaci tela componit maiore uela
Irrendis cellas turset faciatque procellas ·
Sub iunone fera dicor creuisse nouerca
Inditute proba domui nequissima monstra
Anteum libicum prostraui solus arena
Arpias modica uix de tellure fugaui
Cacum occidi latronem rupe gigantem
Ydram mactaui dubio pereunte ueneno
Busiridemque dedi comedendum pestis equabi
Qui meruit cedi poliphemum falce secaui
Lumina conuulsi centum custodis et argi
Et quia ui fulsi centauros debilitaui
Aurea diripui uigilanti poma draconi
Aprum cum uolui silua pendente cecidi
Pellem decerpsi nemeo nempe leoni
Amnis acheloi demisi rupibus ora
Vellera detraxi de colchis aurea dudum
Cursu deuici ceruum · colubros puer infans
Inermis straui celos humerisque leuaui
Cerberus extriplici per me fuit ipse catena
Terminus uera solo ceruix sua tua potenter
Fac et idem uere rex nunc ocius Roberte
Non minor ipse gignis eo tu si ducere bigas
De transalpinis uis ius reuocare ruinis
Quas hinc mecum uirtutes sunt modo tecum
Accedas quesso Romam que corpore lesso
Luctibus icta gemit semper nunc commoda demit
Seua nimis rabies odiorum siue furorum
Mente potens Romam suus ubique iuuare
Ipsa canem seues tua quem fert multa proferas
Natum suscepit deaue catulos generauit
Etiam concepit peiores iamque parauit
Illis officium nocuum uiresque nocendi
Querunt iudicium sua pessima uota regendi :-

Cerne meam clauam cum qua
mala monstra necaui
Exterrens prauam
rabiem qua stante
truce prauam ·

Herculis
ista uago
flictu non
erat ymago
Set decet ut bel
lum fiat cuique
macellum ·

12 recto

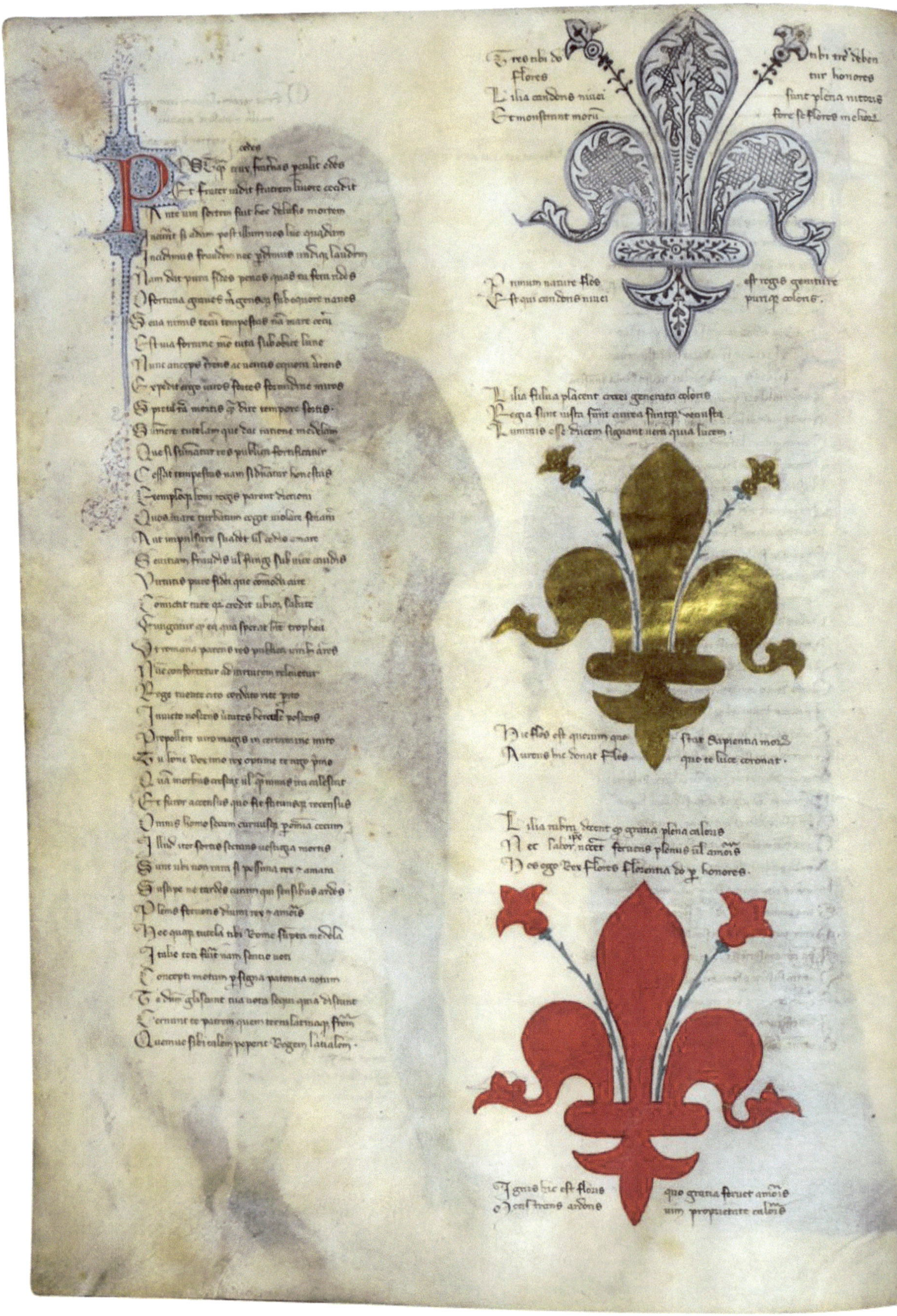

12 verso

Filia sum Rome ipse loquor ac ego pro me
Et credor vere Florencia nomen habere
Romani fleves me ostruxe[...] pueres
Fenibus mustie me [...] nemustis
Nuc infelias queror et dapne gemina[...]

Princeps excellens Rex mutessime nostas
Qui caput esse vales primus [...] certa pescas
Roma dum mundi caput extitit [...] dixce
Dexit ad huc nomen suane illa racione
Impiu vacuum set sumit pontificatum
Servat ad huc etiam pastra remota relatum
[...] libro finem qui posse rebus hir
Au somno doleo longe sua ura reni
Quid fuat extins Pistencia pontificale
Corrumpit mores ignares mos [...]
Est mala monstra sequi [...] talia nam abatur
Quidam plebe dei quidam metumm[...] lucrane
Quidam furantur sciencias ut tenent
Liberius aicus licet meredum lacenure
At nazt hec lanso ab senna pontificatus
Cum prios duos habeant aly dominatus
Iusta Rege caret ni habet lombardia Regem
Nec constantes regiones que nisi legem
Arbitrio fremis longeq ding[...] solito
Deficante simul pastore proside sauto
Pro libito minut augeleos jpmuntur iniquis
Et bonus exponat illos defendere siquis
Incidit atroce defensor turbine uras
Pressore noru sic surgant sepe tyranni
Sic minuae sic partes fusatat ardor
Sic ego Rex etiam turbe standons malignis
Tunbus narum sic trux insana dimis
Commovet insidias [...] dum prelia daym
Et o [...] dono divino sepe retardor
Roma minora pan [...]semina cernit igni
Que mea quippe forent Rex queso suscipe zelo
Inducente dei lanu tueamia velo
Sitere at filij quia res tua tangitur arma
Communi aptantur [...] fingitur unica parma
Paas minuto pretenditur imperialio
Ast aliud signum telim feret necas alio
Siue dolis feret iam diudum casa sagitta
Et pax ostendet quid feret in aula ficta
Quod deus advertat concordia falsa minat[...]
Libertatis opes late captum puentur
Et Regnu sicili sedem ruptum tueri
Romam sicuras illie nil [...]bit habe[...]

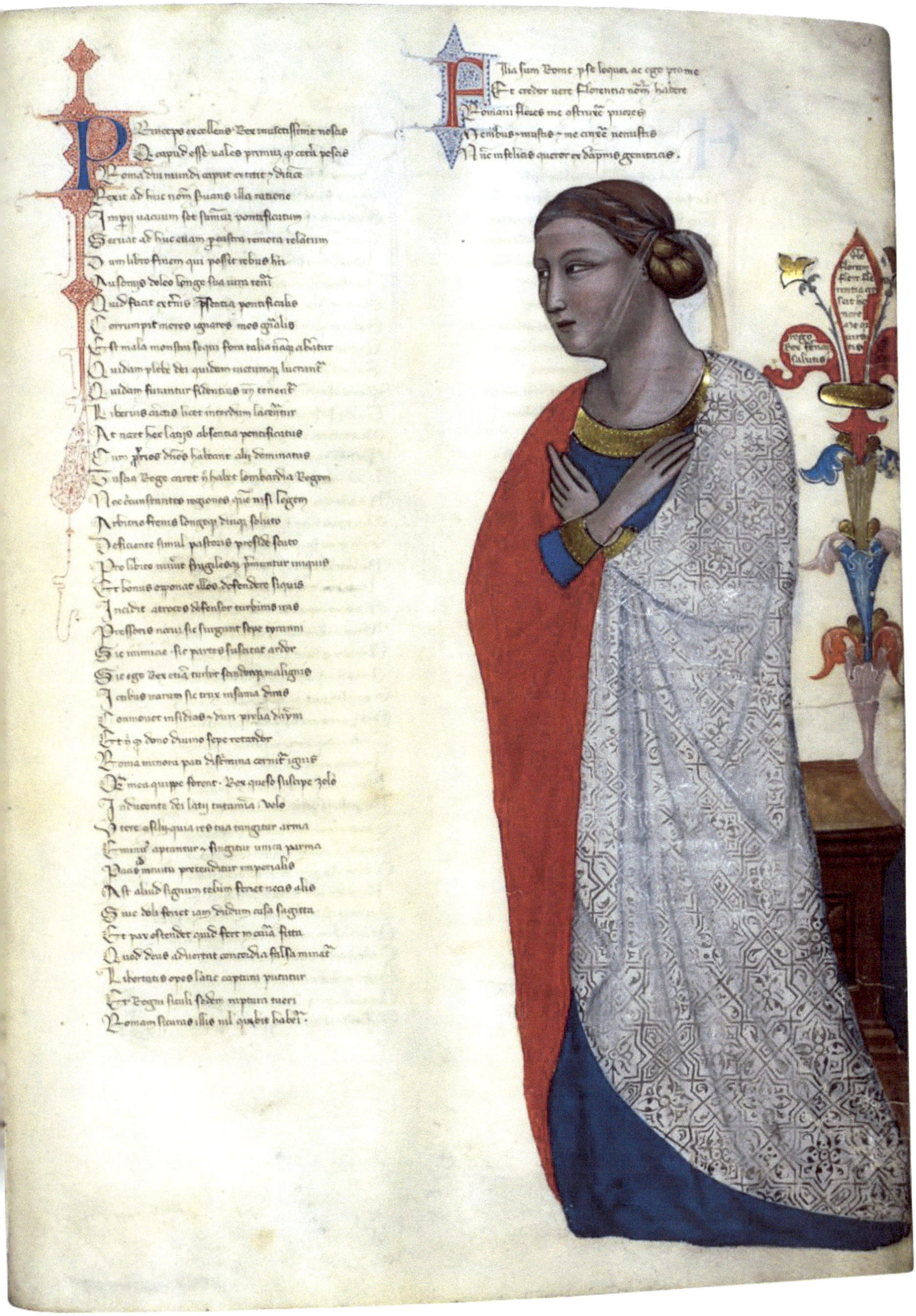

Alma fides regitur multis impulsa procellis
Quam tot exponunt nova nunc certamina bellis.
Et metuit casum plebeie turbine turbe
Ne flat novitas moveat quam vulgus in urbe
Hecque simul mecum pro Rome pace precatur
Que latium sedet sua nam pax sic venatur
Ipsa fides. queritur quod eam gens aspera dure
Cervicis quatiatur que nescit vera figure
Sceptris archana nec credit pura videnti
Credere quippe volunt faciunt multi violenti
Frangitur atque caput fidei dum veri loquenti
Italieque decus vel dignitate vera tuenti
Nunc quia pastor abest qui pascere velle videtur
Ut vox communis simulatio nunc hec habetur
In dubiis fieri cautelam vera magistra
Poscit ne veniant quedam improvisa sinistra
Rex cautela nocens que numquam fatur abundans
Prodest promissis cassis subitos nece mundans
Non sapiens umquam dicat non ista putaram
Ponderat ante quidem quid possint fingere pravam
Quid rerum novitas producere quidve laborat
Gens perversa vel opes aurum vel signum adorat
Usurpare decus vel quibus omnis ardet
Fervet enim studiis ne quisquam vota retardet
Sit tibi firma fides que bene sustinuit et isto
Te posuit regno quod habes a principe Christo
In te quippe manet festiva lux hodierna
Te vocat ut Romam defendas tu probe una
Et miles Christi pugnas moderes sua poscit
Nunc licet haud sensus cur quibus res ea noscit
Est argumentum regis non fronte patentum
Clara fides illi qui credunt dona potentum
Virtutum meruere gerunt magnalia regna
Tolle Roberte tuo titulamina regmine digna.
Spes invitabit te carus amor rogabit
Ostendent causas cur tollere visa tonabit
Virtutum series hab cerne Roberte pudorem
Celeste pugilem te gessit mente gigantem
Et ni Sansonem nec perdis martis honorem.
Set carnem vincas cum mundo pura vovente
Cum tu sit ista fides spes constans ecce sequendo
Inquit pro Roma non territa verba loquendo.

Spesque vocata suos cantavit carmina versus
In celum quoniam prius fuit in mare mersus
Optimus est finis quem non conturbat averni
Finis si vite debet suscepcio certi
Spes habet et firmat quod finis suscipis istam
Unam pro Roma quam nostri turbine pistam
Indispensatis sedem merebis in urbe.
Iam sonat hec vocis communis adoptio turbe
Sanctius imperii solium reor esse mereri
Spes ego quam solium secus imperiumque tenui
Quid valet hec pompe mundane gloria vene
Sit cinis hec namque egestum corporis omne
Virtus ascendit super omnia sidera certe
Tu bone sic spero ascendere speque Roberte
Me comitante poli gaudebis sede beata
Nec differre moras sentit post hoc dare grata
Lucra nec expertum fatur vis reddere rectum
Ha bone Rex medium capies opus incipe tectum
Mox paries faciet feliciter ergo labora
Felix quam speras meliorque parabitur hora
Nil labor hic opus est facilis placidusque volenti
Incipe dimidium facti datur incipienti
Si mecum capies Rex bone duce me cito caminum
Ad maiora sacro vim semper crescere demum
Scis bene quod dominus gaudet persistere bellis
Virtus dum superat sua fortis frigora pellis
Tecum semper ero vinces figmentaque mecum
Semper victor eris fuero dum spes ego tecum
Causa quidem Rome miserabilis et pia regem
Invitatque pii te, vincque pia dire legem
Auxilium valde festinum tu bone princeps
Hoc prestare potes propera cito ferre deinceps
Carus amor causis ardenter proferet ergo
Exaudi clementer eum qui pondera tergo
Dulciter usque gerit donec sortitur amata
Illa quidem vere fertur dilectio grata
Rex decus illud ama quod amatum det tibi fructum
Quinque malum caveat prudens incurrere luctum
Crede mihi queso credens mox pace frueris
Regum nullus erit qua sic virtute mereris
Quire vel regnum ledat vel terreat hostis
Sic sum spes fortis contra fera prelia postis.

DULCIS compatriens dilectio fervida Rome
Non loquor hec pro me sed sancti fervidus Thome
Cogit hec ipsa loqui que fert affectio verba
Nec debent cerni collecta prout ubi acerba
Aspera sic igitur fatur dilectio dulcis
Mella trahens faucis hec delectamina sulcis
Per regum regem qui singula regna creavit
Eternam vitam qui iustis semper paravit
Per primogenitum eiusque suum dominorum
Quem credis dominum salvatoremque bonorum
Qui deus est et homo tibi per carismata dona
Ne spectes septem rogo nunc dum dico bona.
Ne retrahas aures a verbis que loquor istis — Prolatis vere nunc compatriota nece pisti
Per eternam stirpem generosam te per amorem
Quem suas fidei per quem cunctis et honorem
A periculis prebeo nunc precipueque latinis — Et quos immersos nunc prospicis esse minis
Audi consilium quod ego dilectio pono
Lance tue mentis pro pacis divite dono
Sed breviter quosdam referam quos fervor amoris
Attraxit patrie plusque fuga plena timoris
Codrus dux fervens ut plebs foret acta superstes
Libera se morti tribuit manibus hostis artis
Ne quos mutavit suare lacena iuventus
Rumperet hec leges tracte longissima ventis
Regna tulit numquam rediturum sponte ligurgum
Et voluit vilem non cognitus advena burgum
Tantus amor patriam dilexit utrumque recte
Leges nam claudunt perversa putamina recte
Libertatis amor dacium bonosque magnos
Privare necem latebris vel pudibus eorum
Impulit et moysem cum nilicolas ibi fugit
Et post cum rediit et ad equora rubra refugit.
Sanctus amor patrie machabeos ferre coegit
Hoc fera bella simul discrimina cum dira legit
Iussa dei david fecit mactare goliam
Sanson amore philisteos quis fecit heliam
Ignem de celo nisi zelus amoris habere
Atque cremare viros ardentes divum iubere
Dicam mirandos pro libertatis amore
Aut decios fabiosque necem subiisse vigore
Aut alios referam quos propter salute quirites
Pro que bono patrie prodixit amor fore dites
Nomine perpetuo paulum lepidos sapientes

Ac etate sua venerandos urbe catones
Induperatores ideo sub nube relinquam
Nam paucos monet bene nunc dux amor iniquam
Sub bruitate nisi quos pia facta caloris
Ardentis stimulavit amor ad fructus honoris
Te moveat precor almus amor pro supplice Roma
Tuus sunt frondes et diruta mundi poma
Nec tamen auxilium querit discrimine plenum
Sed decus attolens et munus pacis amenum
Fac precor ut redeant concordes sic ad amorem
Fac ponant odium sic linquant corde furorem
Si reparantur apis que sunt decenta nefande
Vota quietis eis et libera pectora pande.
Dum gens officium pro libertate senatus
Utere ergo peius dimicere castra reatus
Estque senatus ego sic censeo tota latina
Gens tuus et tibi quia Rex et sancta carina
Parcere namque decet subiectis calce rebelles
Conculcare feris rostris excerpere pelles
Sunt qui non querunt ut agant bona peste coacti
Ni fuerint pressique truci tortore subacti
Tormentis alii sunt qui dulcedine ducti
Omne bonum gliscunt faciunt parentque reducti
Officiis mollis moniti tu hec quia sentis
Cuncta tenes prompte tamquam sita lumine mentis
Cumque sic artis opus magnus utriusque magister
Aro dum cauta subit tue omnia vota minister
Perficit ut doctus plebs indiget arte quiriti
Non gravitate regi sic copia previa ritum
Annone viciusque cibat dulcore domatur
Illa famis rabies que non ieiuna moratur
Lege submuncta sed subditur urbis amori
Pasta deus populum sic libertate decori
Preponit propria cum nobilitate latinum
Nec nolit morem nisi quem tenet accipitrinum
Delitiis tangi cum delitiis revocari
Delitiis pasci cum delitiis decorari
Tunc est cordatus tue venaturque libenter
Tunc audax auceps tue aves rapit ipse libenter
Militiam gestis Romanos pasce per dorem
Horres hos tecum habeas tunc sed per amorem
Marte tuos comites credas et marte valentes
Nam sunt cordati nullum pugnando timentes

Hos humiles in aquas quia despicit omne superbum
Sumerat iam cura suum dilectio verbum
Consiliumque loqui quando prudentia cepit
Talibus exemplis capiens exordia repit
Nomen quippe meum Rex in contraria misum
Imprudenter agit sermonem turbine versum
Simpliciter dicam que sentio me meminisse
Pro studii causa novi quosdam perisse
Cesar discordes revocavit ad arma cohortes
Et statuit sua signa sequi quas prefore fortes
Noverat id fecit quia calliditate letanti latenti
Est functus docuit plebemque subesse tuenti
Maturus virtute senex et nobilitati
Victum prestare sit uitam debilitati
Nollet desesse committere stare modeste
Instruxit questos romanos obice peste
Defectus uini cum dedixisset aquarum
Flumen agrippa tamen non solum fluviarum
Expedit interdum quos visen cupido Liei
Utiliter incendit suppone lege dici
Ut videant quid amet sisit communibus equa
Iuribus et vite non officientia nequa
Surgat iniqua lues quid plura referre memento
Que passus fuit quo duxit agmina uento
Dux cato dum libicas sitiens transibat arenas
Et quibus anxietas curam suscepit habenas
Romam perplexis respicias illa priora
Sicut sacras monstrant operentis uti meliora
Regia nunc alio presentia mens habet arua
Nomere festino subcamdique cuspide parua
Inventi studii res indiget ista salubris
Ne pateant aditus fenilibus ulla colubris
Hostia versutis incendunt gressibus ulla
Sibila non prodiunt effectus denique medulla
Conspirata tacent provisio dat rationem
Que superat fraudes et earum mox regionem.
Hec ego predico regi secretum videnti
Et recolo multis rebus verso sapienti
Non decet que decens habet preluciada corde.
Nam tenebris omnique caret de crimine sorde.
Sic cecinit dubiis postque prudentia noscens
Interiora doli sibi cure comoda poscens
Iustitie decus ornatum capito illum
Ho iustum pupugit super asperiora camillum .·:

Regia quid differs o iuste Roberte potestas
Quid facias excepte quid possit iuris honestas
Lege mea nosti comparabilis opto tributum hec opus est certe quod vult res publica tutum.
Omne suum reddi reverentia digna priori
Maiorique decus subventio grata minori.
Et paribus sincera fides debetque referri
Unius unius amor nec falso turbine verri.
Inter personas non est acceptio cernens
Iusto nature quid sit deformia spernens
Corporis vel pulchre que sint vitiosa vel ira
Digna probans vitalis atque legens que sint mala dira.
Pacificos pacem decet in festo dare penam
Ut subeat vincti vel durum colla catenam
Cingere seva viant ne plani more draconum
Mundaque fedantes et flantes virus agonum.
Quis melior cultus dicatque deque placere
Aut opus aut votum seu dux oratio vere
Legis ubique mee quod defensacula iusta
Ne cadat inconcussus populus tutela venusta
Est certe singulos substentans reque quirites
Iam reges habuere boves quasi sub iuga mites
Omnis imperii romani regnaque rectus
Vix quisque sistit si comprimat arcu senectus
Indiget auxilio fremuit quia Roma mundi
Debet amica sui semper meriti sit amari
Regalis stirpis francorum diligis equam
Virtutem vitium ne surgat comprime nequam
Tu bonus ac equus ne recedat ergo Roberte
Nam sub nutrire pereunt bona pacis inerte.
Site sollicitus mea lex servata salutis
Gaudia dat celos iustis acerne solutis
Datque videre deum velut edidit carpere palma
Dat vitare neces eterne me duce salmam
Ius vult nature ius vult civile reposcit
Municipale iubet qui iam venientia noscit
Tempora cum punctis et cunctis dedita rebus
Dona quibus splendent tam sidera quam vice phebus
Ipius ut sonio Rome reparamina dentur
Que caput est orbis licet cui iussa timentur
Nunc modicum somnis utque patris mandata iuventus
Fingit obaudire quasi frustra flans prope ventus
Natio queque soli favit sum libera gentes
Vicit Roma patres non nos post se venientes
Ius aliud verum mandat ius christicolarum
Sedes Romana genitrix est ecclesiarum
Hinc genti sacre debent baptismate voto
Atque subesse simul operum certamine toto

Constans adversis mens incorrupta scandalis
Ardua semper avens spernens mundana profundis
Regia maiestas rex audi queso Roberte
Non nova virtutis noviter modo dico reperte.
Magnanimos ardenter amo qui prelia ducis
Merita malis capiunt timidis et pulsa figuris
Gaudet enim gravibus patientia robore fidens
Diruimus viles pugnas ac agmina ridens.
Es generosus ego generosos diligo reges
Largos rex optas ego largas diligo leges
Pro pietate probas non ad mala vota remissas
Si prudens ego semper amo res ordine scriptas
Celsa petos si celsa petis nunc conveniamus
Oppressam Romam semo statui referamus
Eia ego sum virtus constantia que vocor unde
Virtutum matribus celestis corde recumbo
Impii Regis ipse vices sic tecum prelibo
Rex apicem fore magnanimum te magnanimus.
Est tua rex sedes patrimonia que regit alma
Christi post papam · tibi pondus rex tibi salma ·
Tu nos mensuris onerosis neque gravans
Tu non pressuris vexans princeps varians
Semper es urbs eadem constans nec frangeris urbem
Ergo iuva populos alto ne turbine turbem
Experimenta volo structor mea signa sequentes
Nec comites fictos cano virtute sequentes
Rex Christus regum dedit urnas obnetatus
Exemplum nudus cum penas impietatis
In cruce substinuit sic rex in simplicitate
Nudos affectus operens cum probitate ·
Optas ista tamen nec impedit ergo senecte
Ne cures parte cum cetera pondera recte
Gloria maior erit tibi · virtus · laus · senior
Si geras illa senex que sunt decor iunior ·
Ast ego do vires condictas dira ministro
Que non succumbunt casu pulsante sinistro ·
Ardenter cape que certus fore rex capienda
Non timeas illam rem que non est metuenda ·
Et scio te certe te non mundana timere
Unde precor serte ne mens velit arma movere

Si contra cunctas virtutes sanxime verba
Auderem digne reputarer nostre superba
Et vanum nomen ego mensa modestia ferrem
Precipue quando proprie in legibus errem
Ipsa modis planis et verbis dulcibus inquit
Nam sua quod supest equo submente relinquit
Rex moderate pudet me dudum sic siluisse
Et resipisco dolens merorem tam tenuisse
Occultum vulnus qui semper pectore claudit
Numquam sanandi virtutem nescius audit.
Ve mi que tacui credunt loquor hec mea urbis
Divitiis plenam quondam voluit et fore turbis
Ambobus caret illa · caret auxilio amoris
Et caret auxilii · languens plena doloris
Dives et anxietas torquet sua viscera sena
Hanc sibi deponit mater mirabilis eva
Ipse marcessit genuit quos liberi ditos
Degeneres facti tere servitute quirites
Undantes odiis sua limina nec retinere
Nec renovare sciunt discordes sic nec habere
Rex rogo clementer regulem rex solventer
Rex pie virtutem rei publice namque dolenter
Expostat ne plus sileam clamore ruande
Teque precor verbis et fletibus ac ululando
Me stimulans prece ergo tuam redendo benignia
Et maiestatem mundi diademate digna
Ne tardes mora longa fuit succurrere sede
Que iam conatur contundere claustra crebri
Si frenesis veniet lenire demissa furore
Prodent aud modicam medicina retenta corde
Corrupto lesis admisso turbine nemo
Ac aditum leti nacto tectore meremo
Tota cetina suas virtutum mox aliena
Commisit narrare vices neccumque suam
Dictis consiliis rationis cum honorem
Reverentiam inclinans devotis per amorem
Dicens in hac forma breviter sic vota levata · Est cum voce pia patulans nube voluta.
Cui debetur rex iam monarchia mundi
Et decus impii cuius fons margine fundi
Manat consilii · pietatis laudis honeste
Iudicio recto prudentum respice teste
Me famulam precor ore tam cordisque urgere
Nam commissa loquor presenti verba tenere ·

Certus virtutum quia te laudabile sertum
Esse suum reputant te rex de more salutant
Cuius persona septem carismata dona
Percipiat gliscunt · nomine tua non bona discunt
Sancta quidem facta multa pietate pacta
Sicut novisti vel noscere iam potuisti
Et nunc mores quos predixere sorores
Monstrarunt roma consulens dulcia poma
Pacis · involuit discrimine seque resolvit
Sedecus in sor quia negligit optima norme
Iussa dei primum capiens plus carpere limum /
Ostia virtutis pacis propterque salutis ·
Concordes dites si erant modo lite quirites
Ens egent sensus · egent ope nostro census ·
Auxiliare precor romanos turbinis equor
Non patietur omnino tu dignatum discere pronus
Unica cito propera quia res petit ipsa severa
Sic ergo pulsata commissis atque rogata
Sic ergo pro rore pre maiestatis honore
Omne posco commune bonum quia nosco
Urbs caput est orbis cuius sunt languida morbis
Membra soli penis languor invidia eget eius
Frenis rectoris nunc plena fidelis erit heu
Ergo regunt regem te qui scis ponere legem
Ut transgressores redeant · fiant meliores
Lege boni dati non subdantur pectora nati
Accellentie tuam matrem poscendo mariam
Prefate queas vrulas quascumque plateas
Urbes · terras eius extinguere guerras
Hunc caput ut sanum sanabit quoque profanum
O deus immense bonitatis dextra salutis
Et mundi extense pietatis labe solutis
Qui confers veri plenam dulcedine eterne pacem
Quam petimus totum fac nobis recte merentem
Da regique mam faciendi iusta petita
Da facilis variam mentem que forte vitam
Nesciat armari nisi fidere ut reillatur
Tunc placet omni qui sunt toti venenati ·
Quam tibi nature spem dat rexque figure
Ortus pratensis fidei dantibus ensis
Significant pratum tibi nunc fuisse paratum
Ut se concessit semper nec mente recessit
Paste novus olos rex floribus atque sapore
Ut pastos populos famis ac flante calore ∴

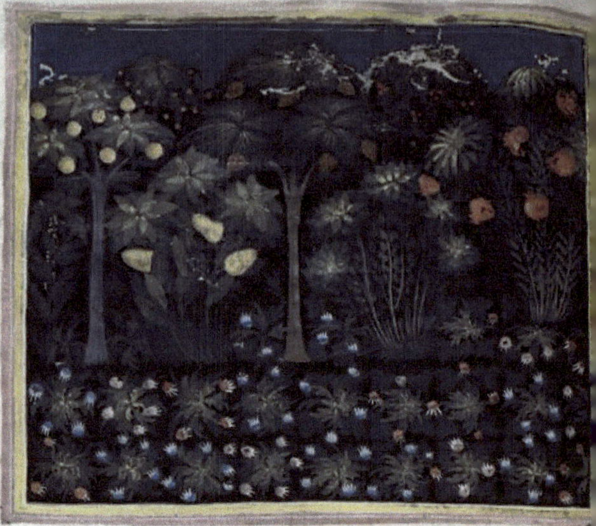

Hic ortus · pratum sive campus rex tibi gratum
Dat solamen habe quia notum fert sine tabe
Virginei flores optant tibi semper honores
Hec est floretum redolensque coloreque letum ·

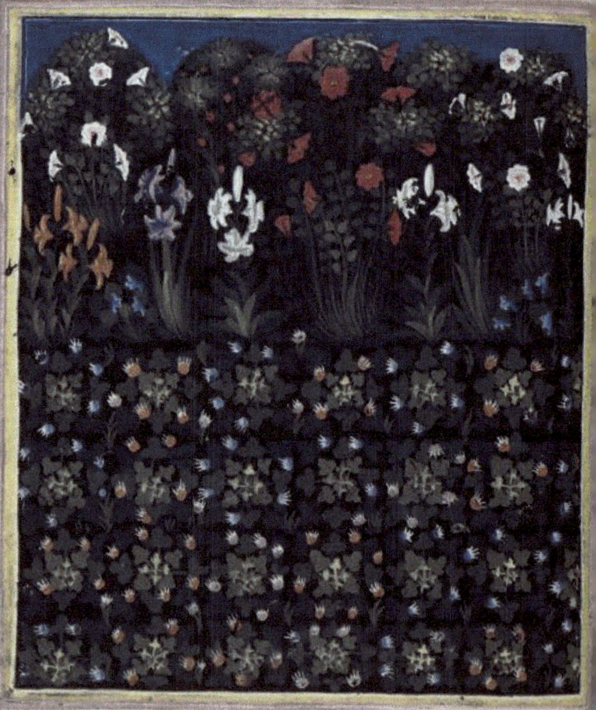

16

Et quia sunt flores varii multique colores
Et sapiunt mores varios varios et odores
Nam quot nati sunt mundo tot variati
Et totidem dati gratis si luce forentque probati
Non foret armorum sonitus rabies animorum
Impetus ardorum nec passio mesti dolorum
Sed cur qui flores non reddunt mentis odores
Sed dant merores et sevos fronte rubores
Percipiunt [illegible] gratum pulcrumque colorem
Quidam candorem quidam rubeumque calorem
Trinus dat gratis sua munera diva caritatis
Plus habet unus satis minus alter reus neque satis
Assignanda bona sunt hec venientia dona
Omnis persona decoratur fonte corona.
Divino teste psalmista fert quia peste
Se pascunt meste mentes ac divite veste
Audiuntur mites fugiunt incurrere lites
Sic virides vites retinent sua munera dites
Semper et humeris que manat vena liquoris
Et sic sudoris pretium quo grande laboris
Redditur ergo fore datur omnibus esse labore
Si capiunt rore celique fruuntur calore
Rex bone rex digne pretio rex quippe benigne
Flores te laudant res laudant dignati laudant.
Te cupiunt dominum fore mundi corde latini
Te laudant dominum regem cum vere latini
Regem et imperium capias dant vota latini
Te regat imperium quod ames quod inter latini
Rex bone turba bonum te regem unice donum
Optat deque bone sperat bona commoda dono
Nam de rege cupit te cernere sede monarcham
Principe deque cupit fore te ditionis ut archam
O felix tua vere tue dote latina
Vanos que bellis turbavit et ipsa procellis
Tunc respirares et tunc demis orbis amares
Atque quieta fores reparans in corde vigores.
Dic latium tanto iam tempore turbine questo
Sic involvisti tantoque labore fuisti
Teque retardasti nec iter tuum reparasti
Nonne fuit sanum bellum vitare prophanum
Et reparare statum saltem cum pace beatum
Quidam prudentes dicunt rex optime gentes
Martis egent mundat quos et dii sordibus indent
Curia cum Martis foret sit mors et regis artis
Dona recognoscunt quia pacis et ipsa reposcunt.

Gustato felle placet inde magis bona melle
Que stat dulcedo si sena cruore rubedo
Et necis ambages fiunt et pessima strages
Qualiter ista ferunt quod sint utilia querunt
Illi censentes ubi sunt plures ut egentes
Vel concordantes numquid tamquam reprobantes
Sunt hii timendi non certe suntque piandi
Est hominum bellum vere crudele macellum
Ac odii cella generatur dira procella
Talia dicentes non sunt ideo sapientes
Quod radice bonum propria non est ubi donum
Utile donabit vel qua virtute micabit
Id quod morbosum sentit fore vel vitiosum
Et nocet et ledit et cui placet et sibi cedit
Tu sapiens atque vides tu post simulatque vides
Invictus gratis datus ratione probatus
Electi concedis gaudes cupis utile credis
Si sectent flores hii te captabis honores
Flores verborum decorant dant pectus odorum
Persistunt alacres metus gignant operis acres.
Rex tua maiestas meruit virtutis honestas
Cum viris sanctis et manibusque solutis
Possunt ut dignas laudes habeasque benignas
Semper ubique vices et prospera vota repleta
Seres felices et tempora cuncta quieta
Vivant que si sanis qui pravant te maledictis
Digne vel gratis vel sub dulcedine fictis
Pone bone mentis curam concedere puram
Sicut Rex sentis dominum tem vel fore duram
Aut iram mitte rationis que premat hostes
Pacis seu dire fraus arctos rumpere postes
Arte queat queris te certe reddere sanum
Consilio veris rex utere et sine prophanum
Evitare dolum sis semper ut esque fidelis
Vis anime solum linqui dea flamina velis /
Acta tuis portum gratis sic pacis adire
Respice rex ortum phebi lex pontica mire
Erigit ut metas prenoscat nauta peritus
Urse tui letas quam mestas orbe politus
Vertitur ipse polus et totum cardine celum
Illo qui solus regit equo limite ~~[illegible]~~ velum
Tu quia virtutem sequeris virtus tibi donat
Ardorem ponat qui fert ardorque salutem
Confert ipsa salus pacem pax ditque coronam
Ipsa corona bonam vitam finis bona talis. –

16 recto

Est etenim merces meritorum digna corona
Sicut dans dona quibus impia monstra coerces
Est maiestatis robur ditione repletum
Iniungensque metum semper cum spe pietatis
Hactenus audisti fiscales huius rationes
Agminis umbrones operis forsanque fuisti
Non contentus eis referam si nunc breviora
Protinus absque mora que sunt operis arma typhidis
Mentis oportuna vitalia cordibus imo
Cum quibus primo fit palma fidelibus una
Maior certa volens accepta deoque timenda
Demonibus menda sine si sit ditio malens
Numen divinum quia quod petit ab deitate
Os proprium late patet hec oratio vivum
Dulce deo quod agat tacto melidra salutis
Siquis hec indigat tenebris animo resolutis
Penetrat ut celum sed adit faciem deitatis
Sic habet hec telum premens genus impietatis
Orat pro pacis inimicis parcit iniquis
Transeo verticis mercedem crimina siquis
Debita vel nexis sibi cuncta remictit abunde
Consequitur flexis meritis vite bona munde
Rex quia debilibus voluisti corde fidelis
Esseque flebilibus tendis tua lumina celis
Ne ledas restrus parcens fore quod studuisti
Et nevus monstris contrarius instituisti
Regnum firmasti decus et communis amictus
Te sotiat certe semperque comes tua tecum — Gratia que casti generatur laude pudoris
Expedit experte quia pergis in agmine secum
Sancta Roberte comes consuevit et utilis ensis
Que feriente domes litesque carbone forensis
Mentis rancores et quo tu invictus ab hoste
Atque tue coste quo tu merearis honores
Splendet rex laude virtutis roboris arte
Ac redolet fraude prostrata simplice marte
Eurdicam plures laudes cur ipse secares
Siem primos cedentes robora morsi
// Urbs mea rex orat mea res urbs anxia plorat
Plorat rex certe nunc anxia curre Roberte
Curre ferens pacem litem consume voracem
Pacem queso feras rabies consume senonis
Iras nunc dele rancorem destrue tele
Indignantis opes nichila vastesque dolopes.

Surge moraque leves te prorsus et erige sursum
Stat precor existens pietas generosa recursum
Et pia nobilitas bonitas rex atque faceta
Ac bona pro Roma plorante facetia leta
Ut vivas requiem queris non ut requiescas
Torpens meus vitam de me facadinis precepis
Inquit nunc Roma flevit que ferre deinceps
Non queo languores perficereque labores
Sive vives seu non tua sum tua cum pudores
Nollem namque pati te tales unde mereris
Cum fama titulos sapiens quia tantus habens
Satur rex vere quia non turbabis amore
Cuiusquam nec melle parum nec nempe timore
Nec pretio vel opis spe nec suadente supplex
Peste nec aestu vel progenie vel acerba
Arcet nullus amor virtutem rex paphusque
Non incurvatis blandis sensibusque tuisque
Est animus constans nulla formidine motus
Si census mundi tibi cum dulcedine totus
Sponderetur idem stares sub munere mundus
Inflata scis morte careo acque profundus
Ergo teneret agens torporem sopor habenas — Condis ne faceres generosas res et amenas.
Pessimus est torpor non requies hec amanda
Desidie morbo cor langet nauta perire
Posset pigritia magis est fervens set amanda — Solliciti merito torpens patitur mala dire
Ergo more linquenda quidem dilatio cuncta est
Os rex vellem modo dicere que mola munera est
Tu faceres sileo pro serva verba draconum
Quos non misse quidem sic poscit ius rationum
Est igitur quia dante deo res principium mentis
Firma salus nota via certaque vita parentis
Rectificata velis assumere nota latine
Gentis quando fractis vaga fluctuat ira carine
Ipsa carina caret rectoribus eius amicis
Nam tellure manent utentes rebus apricis
Et metuit navis ne dum quatitur mare bellis
Corruat ex nautis cito maxima turba procellis
Tempestas fortis sectans feritate catenas
Et tractas mortis strages terat ipsa procellas
Ergo petit rectis duci cum lumine vectis.

16 verso

Hoc est pometum bina bonitate repletum
Arborei generis depicti tegmine uernis
Poma dat et flores pomorum fertque colores
Distinctos more speciei fiunt odore
Pometum uernum tenet hoc genus ecce quaternum
Siliquas herbarum uirtutes fert uariarum
Est ubi si tele ferunt optata medela
Est ubi floretum redolens et cernere letum
Hec et radices habet o quas discere dices.
Nomina fors harum cupiens dictas et earum
Ducit poma bona que dulcia dant ope dona
Laudari merita si sunt in nube perita
Condita uel tecta pulula lanugine tecta.
Hec curant herbe pestis grauis uulnus acerbe
Dum rabidus latrat siculus qui ostia patrat
Crimina uel rugit quia per dogmata fugit
Si modo uindicte domuit retributio ficte
Mentis non credit dolus ut sine duplice ledat
Vulnus torquendus cum carcere cede terendus
Et bene psalmista quod dulciter instruit ista
Carmina leta metro referente poeta
Iste cum redolent sucadi turbine nolent
Sicut turbatur uas plenum quando citatur
Et clarum nescit fore si uiolenter acessit
Aurum quando silet bursa sic diuite uilet
Set cum donatur large tunc nobilitatur
Hoc macedum tellus habuisse datur graue uellus
Auri Jasonis non herculis atque simonis.
Tunc que fulgebat fulua lanaque ferebat
Famam pomposam laudem mundo gloriosam
Terra mari uincta fuit atro nomine cincta
Et paupertatis portauit et asperitatis
Pondera cum pena quia uellera spreuit amena
Custodire uiris premictens prelia diris.
De quarum suco fit potus et obuia bruco
Verbas per fortes ducenti sepe cohortes
Pugna fere forti referentis prima mortis
Brucos aduersus quibus est sensus prope mersus
Nimbosis tore quodamque cadente liquore
Vernans herbetum patet hoc prodesse facetum
At redolet letum pometum uite rosetum
Et fert floretum suauem pro tempore cetum

Transit muscatum quod fertur odore beatum
Summis millenis gradibus qui numine plenus
Unus flos horum uariatur mille colorum
Fecundus nisi iris patet obuice lumine miris
Phebi flos unus retinet mirabile munus
Plus radiat stellis amenis est quando nouellis
Vel nitidis bellis armorum siue puellis
Regum formosis specialiter et generosis
Obiectus gratus nouum mirabilitatis
Ob hec scitatus tanta speciesque potitus
Est monte transit laudes hic celicus an sit
Nunc quidem uisus quod misit huc paradisus
Eius et est onus facies similisque coloris
Parque quidem celi si testis fama fidelis
Est atque dandi fluit hec in prole demanda
Regis iam flore simul usus et eius ex odore
Cum decepit eam sic Jason forte medeam
Tindarideque paris ueneris cum floribus aris
Ilius attriuit sic quedam fabula fixit
Et futuram libito icarum prope cunam
Grecus troianum post hec duo lustra perfirmum
Obsedit priami cum pectoris corda uel flami
Viscens opposuit meror fortuna recessit
Fessa triumphorum sibi tot tribuisse proborum
Munera diptonge si consilio quoque longe
Fallacique breui cum robore duplice seui
Atque dolis nixis te prodere semper ubi eris.
Forsitan ista nimis digressio longaque primis
Propositis distans cum manus nunc opus istans
Sit de floreto quod non decet ore quieto
Nunc sopire ita quia non est creta sophya
Curam domare patiam que possit adire
Cura contendi nunc expergiscere flendi
Est opus amissum tempus cor per ferri scissum
Vulnera sanare lituus curabat amare
Flabat et in montes credens obtundere fontes
Plus nam deuota cum corde silentia uota
Clamant quam uerba tonitrus sonantis acerba
Ante deumque silent uerbosa tonitrua uilent
Oris insani clamor per organa uani
Discordesque sonus ueluti mutus multa canoris
Nulla petunt extra prodire putamina dextra

Et pulsant claustrum cedris sibi pandere plaustrum
Infestumque manu cor librans poscere vanum
Septa monenta queo cur non nunc absque lico
Esse quid horum sent bellum que me fera querit
Dicite quem gignum fructus morte triumphum
Ore pretio dignum vacti fraudando benignum
Et regale solum latij cum nectare celum
Implentes quanto radians et undique manto
Obtenti noti virum dulcedine moti
Videre est parum cum non pro lege monarcha
Eligitur epi si pro pinguedine tristi
Solum gignus vel vanis rebus earum
Pompam quedam nunc nube subsistens eadem
Nectis et umbrantis enigmatis ore sonantis
Obscurum sensum referente putamine censum
Vertex telluris cervus huius quamque minis
Triplex vel morbis pes et tenus simul orbis
Tumor Et caput inde rote vinctum discrimina mote
Pestis in clero deffendi dolore severo.
At puros pena calcat cum transit iena
Umbra tenet nexos tuos ad spolia flexos
Ecce quod effecte sunt stelle lumine recte
Sole quoque volent celum vel subdere nolent
Phebo nec lune se ne contingere prune
Nos possunt tales beant dudos speciales
Qui fora non spernunt hoc quos nunc cernunt
Seue pomposos elatos delitiosos
Insanos suos in fraudibus atque crucios
Non prope Sansonem sidirum condere clerosum
Non petrum symone fi mundum nempe diaconem.
Nunc restram poma fructus ubi nobile coma
Ornatus lucet qui nos cum pondere ducet
stat
In nun cima distributio prima.
Que sic poma gene sic propria cuique querit
Non sine fit vire quod non fit sibi cure
Huius que rite partitur vel sine lite
Pondera studiis vel rerum pacta laborum
Hoc sic simonem per talem cepit agonem
distinctio Gloria factori debetur et hec genitori
Decimus vena laudis nox manat amena
Obediens cultus et fructus tempor multus
Est subiectorum doctrina docendi sacrorum
Estque sacerdotum quorum sic nunc notum
Gnaviter ut distant alij quo nunc glisant

Salutifice puro docte cum lumine cure
Parte pater rerum sinantis carmine verum.
Pace tua fari confido vulnus amari
Presbiteri spernunt nec que iudicia cernunt
Succedunt veteri non qui pugnam tenuerunt
Cum pugili mundo possint obstare profundo
Non minus est bellum quam chacri ferre duellum
Aut onus anthei vel fortis bella nemei
Concita personis olim propulsa leonis
Virgineos vultus video cum pondere cultus
Et rabiem mentis penitus malefacta ferentis
Spelunca tali recubat latro si vitali
Tota nor mundi serenti nempe profundi
Sunt in corpore horum mala dispna doloris
Infecte vite despectie nec sine lite
Spes dita pugnandi ea regnum reparandi
Animare vacat dum tempus gratia placat
Quot bona perduntur dum pigris nexa geruntur
Cultus divinus fit multis tunc peregrinus
Virtus calcatur vitium levitatis amatur.
Non habet ardorem mens nec tanti honorem
Impietas seva facit omnia fulmine leva,
Dextera nexatur cum vult bona ferre ligatur
Spietaque maiestas est et communis honestas
Et cur non plura refero iam nulla figura
Servat iam morem cum cure linquit amorem.
Sollicitusque secus regitur quia non fore cecus
Vult per torporem quo perdit desides hodorem.
Tunc fert sic secum mea non sunt commoda mecum
Ni vigilando regam vel tutor eis modo degam
Sollicitus dia valet hic qui nil vel apici
Aut alios grati canit servando beati
Munere inclusam vitam per membraque fusam
Corporis hanc similem factori non sibi vilem
Quam faciat sedem deitatis et ipsius eidem.
Ore te gratum felicem teque beatum
Qui capis has curas dias sine spe perituras
Putandi vigili virtute simulque senili
Doctrina cuius stat viribus et status huius
Orbis et est osus segnes sensus studiosus
Nam videt hijs mentes flere per sepe nocentes
Nullus uti calces et prede poma falces
Innovat absque mola cure rubigine sola
Desidie pigre qua mentes sunt ubi nigre

Desidie pigre qua mentes sunt ubi nigre
Ignorando ducem propriam perdunt quasi lucem
Sic in torpore strato perduntur et hore
Vanis sive status anime sed in his dubiis
Corpus et usurpat regnumque potita turpat
Non ut velit herendo meditando quiete sedendo
Sit sic prudens dos quam non postea ludens
Spiritus est nequam quia legem diligit equam
Lex petit actiuoe uite bracas grolue
Quas infans gravis opus exhibeat pietatis
Pessima culpa fit segnities ea rarum
Consequitur fructum set spissum pectore luctum
Unde Cato fatur qui mores falsos prohibetur
Segnitiem fugito non convenit ipsa perito
Qui novit nite prius est ignavia vite
Ergo relinquenda fertur nimis et fugienda
Segnities deses que vult fore pectore presto
Sollicitudo iubet contempni res ubi iubet
Post cum merore dementia plena rubore
Quam bona fert sistra pro laudibus ipsa magnum
Sollicitudo bonis pennata probis rationis
Plurimis rex macedo qui vicit tempore prodo
Orbe suo magnus reputatus dapsilis agnus
Sollicitus curis qua festinans figuris
Pugnans fregit animos mundique subegit
Vires et census fuit arbitrio sibi mensus
Commoror hac cura forsan tibi rex placatura
Hac cura quare petes hac quia res solidare
Fractas et fragiles pretiosas reddere viles
Viles nam cure fiunt mentis vel amare
Sic se prudentes faciunt aut esse potentes
Poscere sane puls torpens nolle sepulta
In quibus et mortis sped turbe vice fortis
Debilis est ensis nec ledere vulnere nisi
Cuspide quando ferit nescit vulnera querit
Solliciti unque doli non possunt subdere molis
Pigre tali nec sopnio pervigilali
Cum vigilare bonum fertur penset piger donum
Dormitare mora repenter qualibet hora
Dum dormire petit se curis undique vetit
Omnia tempus habent si hec etia turpia tabent
Sicut aque morus fetentes reddit ad horas
Multa quies mentes sic culpa monstrat olentes
Carcere sicut hebes fit clausus qui fore debes
Quisquis ibi multo spatio sine lumine fulto
Vere sic nescit studii quicumque quiescit
Desidia fluctus non expertus fore fluctus.

Nec bellum pacem quam confert marte metuere
Ante quidem gustum non novit condere mustum
Iam genus humanum cum clarum sit bene sanum
Vel demens visus gustare negans fore rursus
Credens id plenum mortis vel grande venenum
Gustavit victus per cornua fracta coactus
Passus ab fine caude truncatum dimite laude
Ne removeretur dolio quo mel retinetur
Est hec limaci residens cornuta cloaca
Ostendens fragiles turres et robore viles
Vertice pingit humum muros et firmate firmum
Segnities vermis quasi cecus sed nec inermis
Testudo nam tegitur qua vel pro veste potitur
Areo vel umbonis tutela forsan agonis
Hec habet inflatum nimia pinguedine latum
Ventrem porcinum guttur sed dente caninum
Ac alios fuscos dentes rubigine fuscos
Anseris incessum testudinis alite fessum
Passi cerne redit post amphitriona residet
Alter sepe via tunc birria carpe talia
Quid petit indago vel quid signavit ymago
Et quid hec ducens effectio finge lucens
Hec gemina figura pigros quos arguit hic fore nigros
Instruat et servos et pectore mox coacervos
Vione vitos horum sentire pares animorum
Aures et dentes ad risum sponte volentes
Maiorum mordens iudicia cum hic sordens
Vel paupertatis vel non habite pietatis
Tunc cernunt metus invenerunt seque prophetas
Constituunt stratus aiunt domini feritatis
Hii que tunc ibunt plus invite quando nequibunt
Ad regnum Simonis qui nunc solium babilonis
Fungentur tronis variis regione draconis
Quesiti quare qua dedignando vivare
Nos exorantes ut vivant atque precantes
Despiciunt ergo portabunt crimina tergo
Tunc nisi stulti fuerint ac igne sepulti
Et mox quesiti vos cur modo rite periti
Non ita sudantis studiis rerumque iuvatis
Nos contemplamur aiunt orando precamur
Insompnes multas noctes transimus inultas
Spe solante dei simul esurientesque dici
Cumque preces dantur ergo surgant sive vocantur
Ac tunc dormire fingunt vel ad astra salire
Et nolunt tangi nec tunc laboribus angi
Optant laudari pretio vano pretiari

Composito uultu portant habitum sine cultu
Qui nisi nostantur a fructibus hij reputantur
Mitos ut agni tamen esse lupi uice magni
Cultu mendaces si tecta fance rapaces
Inueniuntur. habet genus hoc quod tempor tabet
Nro sub solo sopne quos linquere nolo
Seruorz pigris stratis quos impia tigris
Inuadens morte non excitat esse cohorte
Cum bellator feriente finem uitiorz
Unus millorz fouea simulantis agrorz
Bitria narratur conceptus dum recitatur
Herculis almene natusq; iouis mo nene
Alterius structus referam breuiterq; reductos
Exemplo quales lupus topi speciales
Sopno nectebat dum pigros psiciebat
Qui bene torpebat sume torpere decebat
Noli dicebat cito surgere quando uolebat
Si quem cernebat pfectum reddere flebat
Non fore te noli fili submictere moli
Iam mo sudandi no est tempus uigilandi
Et requiescebat secum thalamoq; manebat
Pignus mictebat temeti solinq; petebat
Mensuram pimo surgenti stabat in imo
Lecto letatus lupus fruneq; lauatus
Delitus retis fundantis corda quietis
Lippus surgebat cum forsan cura petebat
Et quasi non stabat uix uestes quando pabat
Set pmictebat sentiq; - seq; sinebat
Credi p frum tanto torpore proterum
Surgere tum usum suus dirum pete usum
Compellebat herum post pma silentia uerum
Aiebat frus torporis factus acerius
Soluere posco merum te cernis me mo serum
Esse magis lecto qui te replicando profecto
Affirmabat item lupus nec quetere litem
Expectes soluam m[illegible] per dapna reuoluam
Me fore delusum p te cautum uias usum
Huius at hah dixit famulus se quando resixit
Gaudenti bili prestito stare cubili
Doctus credebis me fallere meq; uolebas
Soluere mensuram anni nec spernere curam
Iam cito surgendi uerum dicebat habendi
Ius nactus queso silas deme fore leso
Hac uice portaj unui ferq; parai
Nunc bibe prebebat potum quem turba uidebat

Sic mutari in sum uolutq; uerari
Quid ualet hec fari poterunt decti meditari
Forsan lectores aliqui sensu grauiores
Nec lene misterij sententia nec reuiderj
Inter libranda debebat nesse . secunda
Sunt ubi matura dictissima facieq; pura
Et non plena dolis ul usu fineq; molis
Aro respondebit sudandi tempus hebit
Audiuum mundi dicet cum demone fundum
Fraudis concordem . cuio quo pepigit dare sordem
Excolit atq; fodit bona singula que uidet edit
Et sones prodit et se cum crimine rodit
Ut mors uitetur nec eam ludens intuetur
Per sua dapna sen feci tam ulia ueri
Fueti cum magnis lupus est mitius uelut agnus
Non ut perdat eos si q caueant phariseos
Iuuenis doctrina de falsa facta farina
Si uel formosa uideatur sine iocosa
Est est letalis est terdice uitialis
Nam semet ledit deceptum perdit - edit
Criminis exemplum stultis quibus e uti templum
Stultus forte feret quia uanis sensibus heret
Quis putas ut risus teneam uidet paradisus
Ergo uidendum non e uidere cauendum
Cuius mens plangit mea cur consortia tangit
Increpitando uirum qui iudicium dare dirum
Audet tunc risus unitatis fert sibi uisus
Certe nichil nouit mundo qui ludere nouit
Tempus seq; gemit post qui se fraude premit
Hanc consectando cum demone sic unitando
Ut uelit hic risus mortis uite paradisus
Gaudia dat uere que mundus nesciat habere
Perdens in uanis se tempus dona profanis
Multi falluntur quosdam dum calle secuntur
Recta pge uia uera monstrante sophia
Inquiet auditor sapiens sensusq; politor
Sincera sanam tulit ars nec tu quaq; uanam
Dictum for sermocinet hac quia norma
Uult ornatorz sic e ars est facta colorz .
Cur ego sic spernor ul sic uilissima cernor
Undiq; desidia dixit me cur elegia
In miseris scribit quando peto cito perdit
Custos uanorz uigilantia sollicitorz
Dum uolo sopire sensus clamant dicis ire
Ire decet nactum regnum nobis ego pactum .

Non fea

Non sera grauis donauit regna ceruis
Mundi saluator cuius fuit ante creator
Cur ego sistere cupiam uel cur uigilare
En nolo dormire pereunt qui grande subire
Molis onus nixi satagunt post pondere fixi
Seta precorum cadit in lapsum supplico uadit
Turbique que guerre uult liberum pondera ferre
Nata suspiros patienter dura mirorum
Atque tirupriorum nolo quos nunc dicere quorum
Credo sacerdotum nummum constare nepotum
Et sacro per bullam patres habere cucullam
Et spurie nati sunt postea pontificati
Ignari canonum iuuenes uel rationum
Nec duces herrorum cernentes bella malorum.
Et minus ista peri sat turba resistere specu
Cum sit pasta cibis serpentum sicut orbis
Bos aut asinus nudus vel cum peregrinus
Iudeis sondemie cum nescius est simonomie *simone gio*
Et tam ignari nec proficiuntur auari
Hac fuerant cupidi rapientes pignora nidi
Non pennata gule que non parit ut pote mule
Lucifer ardorem neglexit cuius odorem honorem
Ambiunt cecidit se lapsum post ubi uidit
Inuidus ut sciuit homines huc ardere poluit
Spicula fraudandi uingulos gladiosque secandi
Compleuit notum genus humanum sibi totum
Sedicit secum ruiturum crimine cecum.
Filius hec patris capiens mox uincla fratris
Fratres saluauit quos sic ardent amauit
Ut dignaretur dominus quod sic moreretur
In cruce pro seruis ingratis sepe proteruis
Sic cum soluebat pretium uelut expediebat
Contulit constrauit inimicum qui uigilauit
Stirpem contemptam pristinamque crucem receptam
Uitam cum secum dedit eternam quia grecum
Uulgus palestinum saluum genus atque latinum
Segnities strauit quos celum precipitauit
Et quos fraudauit pomo draco quando necauit
Segnities unde submersit cuncta profunde
Agmina nata soli peccandi dedita moli
Et uitulum fecit coluit quem secque proiecit.
Et tabulas frangi fecit se cedibus angi
Ne se mordeni meruitque sua retineri
Serpentum seua sic pigros edidit eua
Pigrite pestis nutriunt uirus mestis

Tam uictorum quam cordibus assiriorum
Et romanorum decus amissum quod eorum
Testatur clerus meus perdidit omnia serus
Dona creatoris neglexit pignus amoris
Perdidit ignarus factus torpens et auarus
Flatus uanus Symonis cum peste profanus
Et nisi quod frena Benedictus papa catena
Cum retinente dedit qua pestis dira resedit
Pulsabat celum blassemium turbine telum
Pugnaque cessauit medicos que ceca patrauit
Illa cupido pati iam pauca luce probati
Stare uidebantur constantes nam trahebantur
Ambitione foris que glisit pondus honoris
Cornua glisebant cornuti quando uidebant
Sic opus id fictum cessauit per benedictum.
Segnitie multo nutritu tempore stulto
Consiliumque patrum quod erat sub nubibus atrum
Hec ea sunt poma ciceronica que sua Roma
Prius pomeris legit prior alma faceto
Sed meliora dedit maioraque quando resedit
Consul tunc turbe Romane tutor in urbe
Atque Catilinam solus portare ruinam
Compulit armauit patriam ius continuauit
Rome fulcauit libertatemque locauit
In solio stabili tunc iudiciaque senili
Sancti quippe status legum studiaque senatus.
Etem poma fere uirtutes ante dedere
Precipue septem pretinam dulcia neptem
En matres alme que dant diademata palme
En hee felices sunt sunt ac altrices
Uite puerorum fructuosque piorum
Prima fides harum spes est que secunda sacrarum
Tertia cara nimis dilectio feruida primis
Plus satis at quarta prudentia dextaque parta
Set pot implere reliquos faciendo docere
Iustaque quinta gerens sed fortia sextaque querens
Septima mensurat moderamine quod bene durat
Uite frumentum uelut omnia dona parentum
Atque statum mentis sic temperat arte tenentis
Legis quod plane pertransit uulnus inane.
Sepque iuuat sponsum se defensando uncissim
Unam perfecte capiens reliquias fore recte
Secum cognoscat quemquam non rumpe poscat
Sanctum feruorem nec uel bonitatis amorem
Quem bene qui seruat sibi mercedem coaceruat.

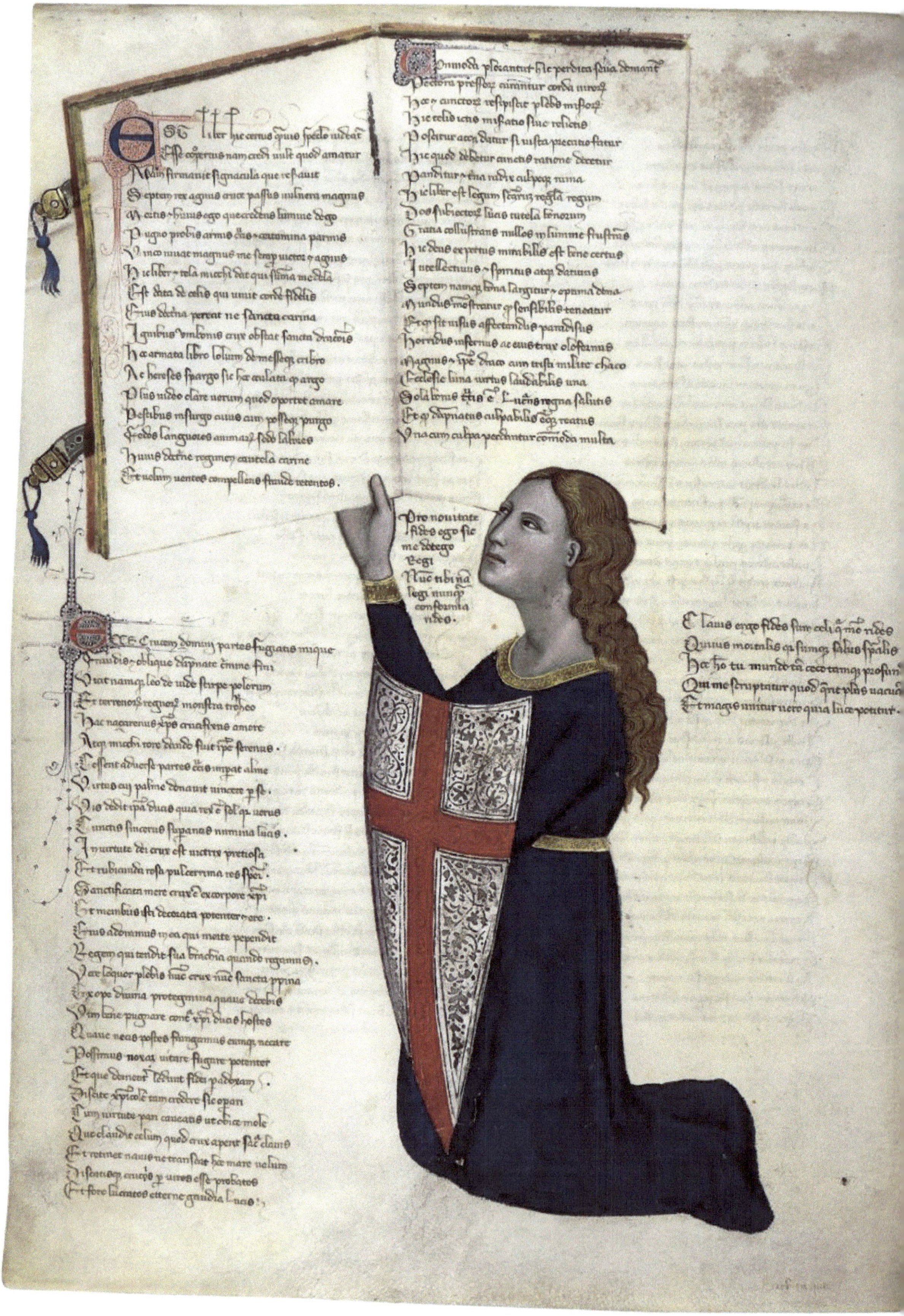

19 verso

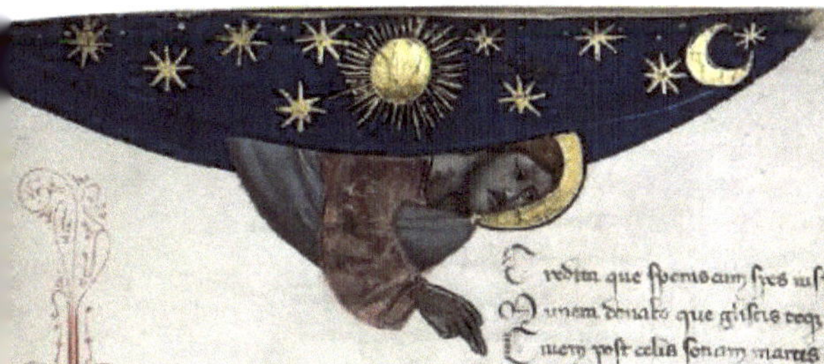

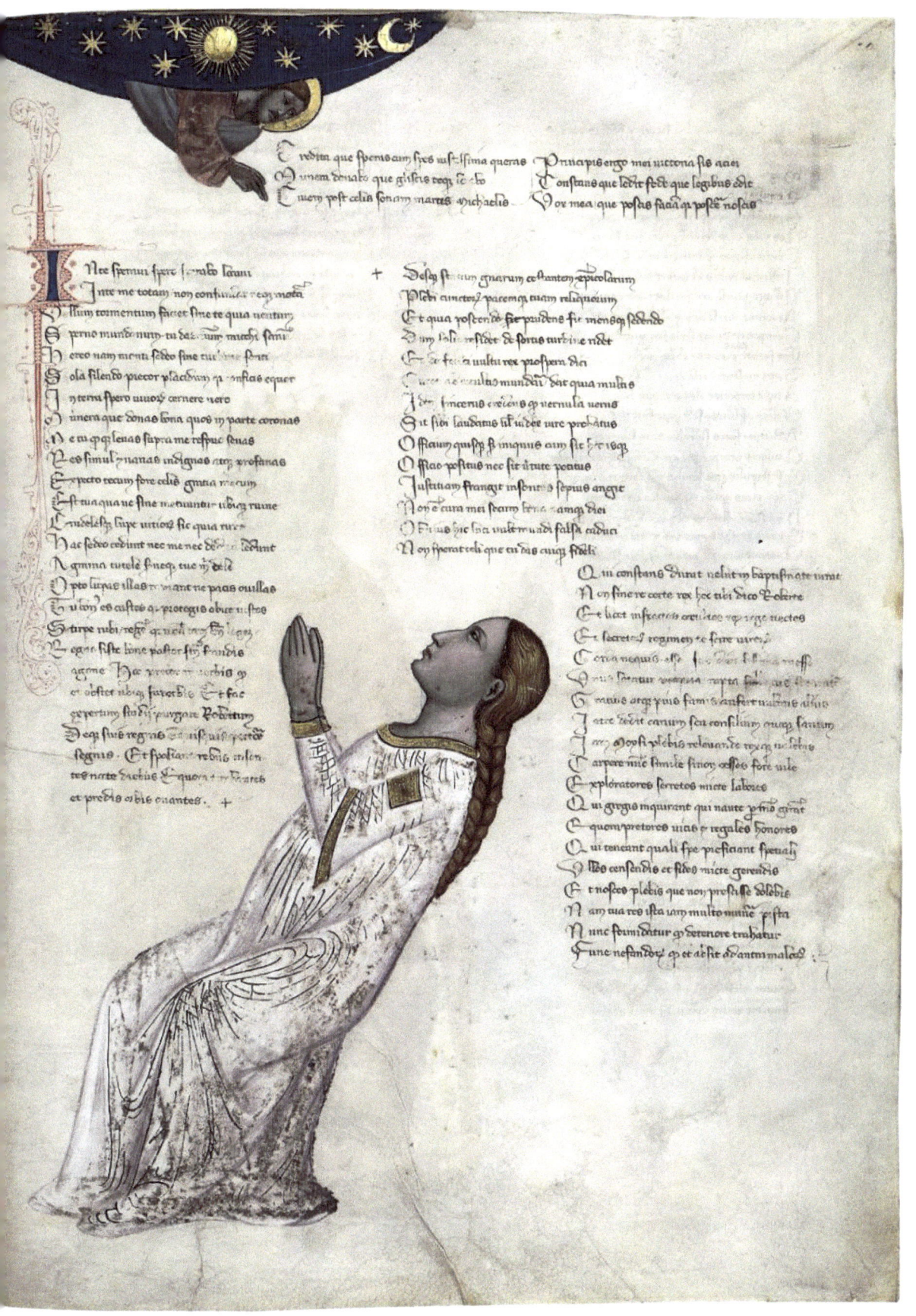

Credita que spernis cum sis iustissima queras / Principis ergo mei uictoria sis acei
Munera donato que gessis regi ... / Constans que ledit sede que legibus edit
Tuem post celis sonam martis michaelis / Vox mea que posuas facia qu poste noscas

Inte spernui spere sonabo lorum
Inte me totam non confundat regi mota
Illum tormentum faciet sine te quia uentum
Superno mundo nunc tu das ... michi sani
Hereo nam menti sedeo sine tui ... sonti
Sola silendo precor placidum ... confias equer
In terra spero uiuor cernere uero
Munera que donas bona quos in parte coronas
Ne tu ... lenas supra me respue senas
Res simul ... nanas indignas atque profanas
Expecto tecum fore celis gratia mecum
Est tua qua ue sine metuunt ubique ruine
Crudeles que lupe uitiorum sic quia ture
Hac sedeo cedunt nec me nec ... ledunt
Agmina tutele sine que tue ... dele
Opto lupas illas ... ne pacas ouillas
Tu bon es custos ... protegis obice iustos
Stirpe tibi regis ... leges
Regna siste bone pastor sum ... frandis
agmine Hac ... turbis ...
et obstet ubique furor his Et fac
expertum studiis purgare Robertum
Deque sibus regnis ... ... peccatoris
segnis. Et spolians rebus ... en-
tes nocte diebus Equora ... ...ates
et predis orbis cantes. +

\+ Desque ... cum generum ce... ... epicolarum
Plebi cunctorum pacemque tuam reliquorum
Et quia postendo fit prudens fit mensque sedendo
Dum ... residet de fortis turbine ridet
Et ... ... multi rex prosperam dici
... ... mundum dat quia multis
... sinceris ... ... uernula uernis
Sit sibi laudatus ut uidee uire probatus
Officium quisque ... iniquus cum sit ...
Officio positus nec sit uirtute potitus
Iustitiam frangit insontes sepius angit
Non e cura mei ... ... dici
... hic ... mundi falsa caduci
Non sperat celi que tu das cuique fideli

Qui constans durat uelut in baptismate iurat
Non sine te certe rex hec tibi dico Roberte
Et licet ... ... tuectos
Et secretorum regimen te scire iuvet
... ...
... ...
... atque ... fam ... aufert ... ...
... ... carum seu consilium quaque sanum
... ... plebis releuande rex que ...
... ... simile ... fore uile
Exploratores secretos mitte labores
Qui gregis inquirant qui naute ... girat
Et quem pretores ... regales honores
Qui teneant quali spe proficiant speciali
Illos censendis et fidos mitte gerendis
Et noscas plebis que non prestisse solebis
Nam tua res ista iam multo ... ...
Nunc formidatur quo deteriore trahatur
Funere ... ... et ... ... malorum

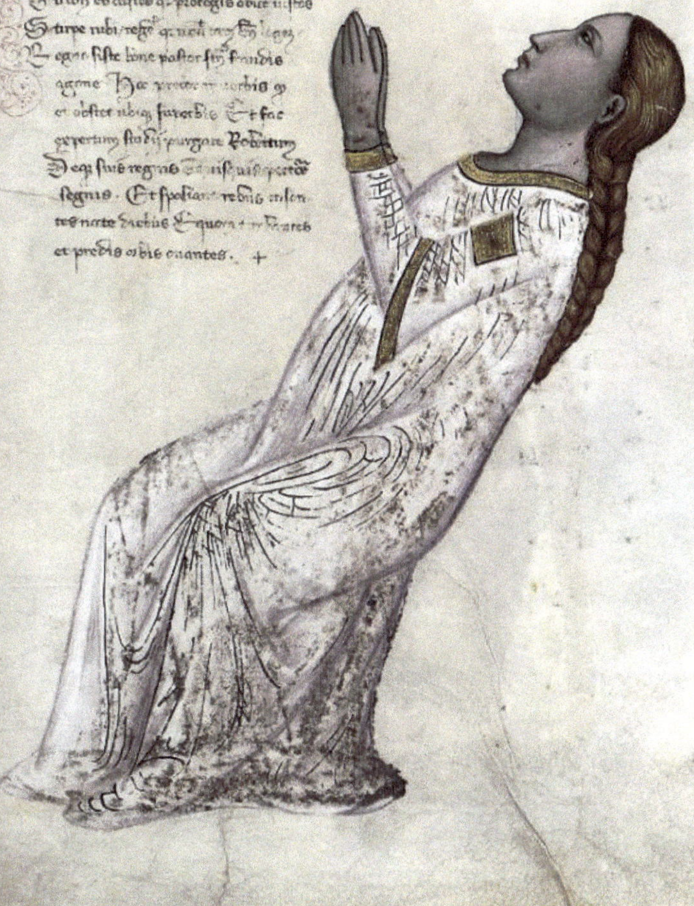

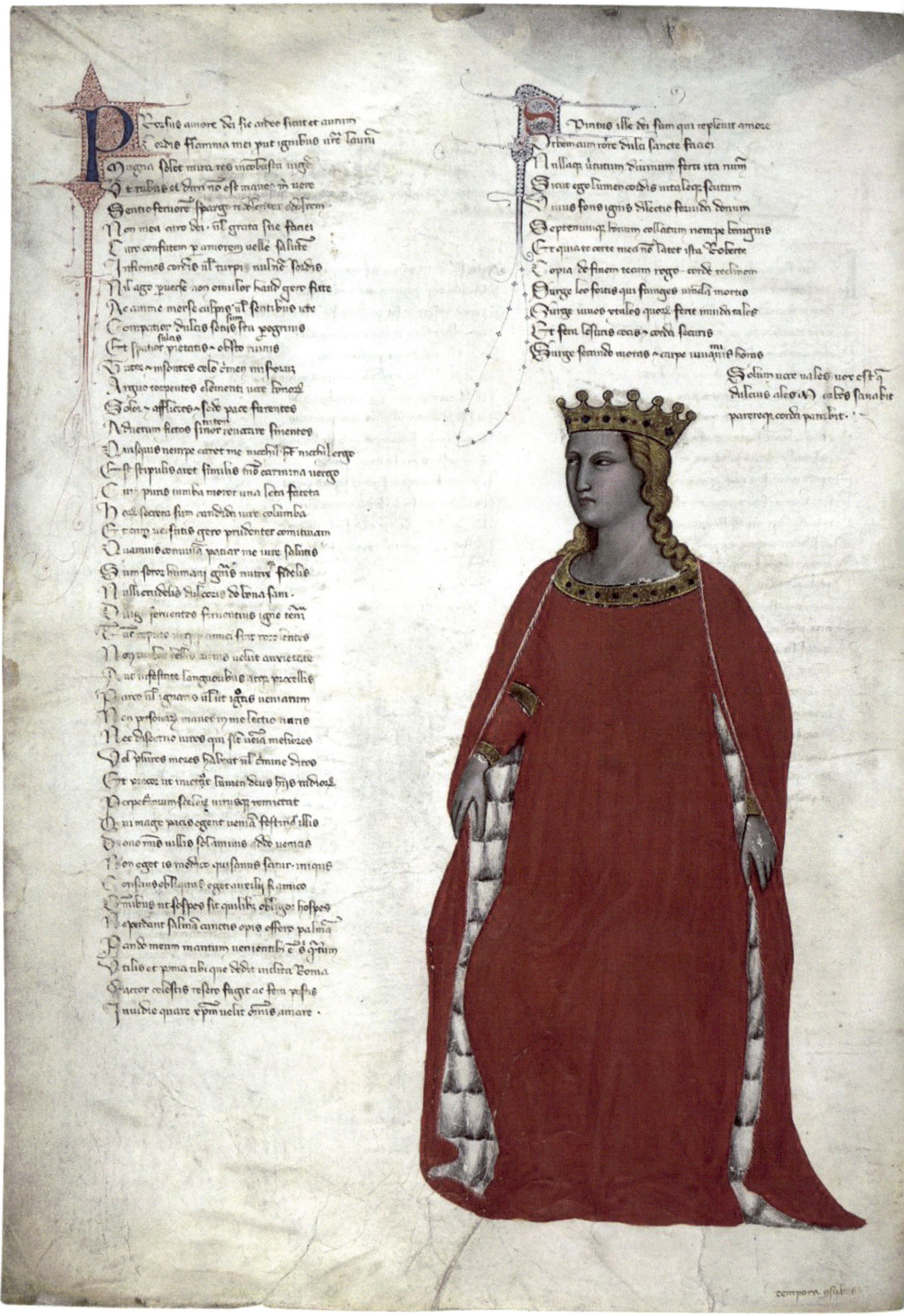

20 verso

Temporis consultas tria pondero specto futuru[m]
P[rese]ns in multis cum preterito rege p[re]sens
T[re]s p[re]cedentes sunt matres sunt[que] sorores
Nostre fulgentes et nobis sunt p[re]ciose
Si sensu mecum sapient[er] cuncta putabis
Posse semel recu[m] contingere nulla negabis
Esse ut u[squa]q[ue] queunt si u[ti]l quando[que] venite
Justa quidem certe non trasgredior racio
Legere ex p[ar]te in p[re]sunt conditione
Clara[que] que p[ar]te datur et uis siadd[er]e u[n]o
M ores adu[er]te quibus ostendam[us] figuris
T e specto uideo uirtuti nimie sacru[m]
T e ra[ti]on dico sancti mer[itum]q[ue] lauacrum
N on sine te nasce[re] quicq[uid] discernere recte

Q[ui]d[am] reb[us] eunt q[uod]
possit siue subire

Omnia credo tibi nec cor nec u[er]ba nec acta
Sunt penit[us] ab[er] tua si sequor o[mn]ia pacta
Dogmata consilia secus iuste gererentur
At[que] forent alia q[ue] co[n]ice multa uidentur
Justico nam[que] tuo sensu consulta p[re]nto
Ordine p[re]cip[u]o multo sidere pe[n]to
Cuilibet esse suum recto ius at[que] tribu[n]
Nolo statu[m] fatuum furiosum d[u]c[er]e mutu[m]

T ecum u[ni]a niteo u[e]ste cu[m] su[n]t [im]specte
A[n]t nos pactas uiget hec i[n]telligo digne
Que facis exp[er]tas in reo i[n]telligo igne
Nod[us] harebis ligat alias eib[us] un[us]
Hec uincit et re[us] p[in]guedine fertile muri

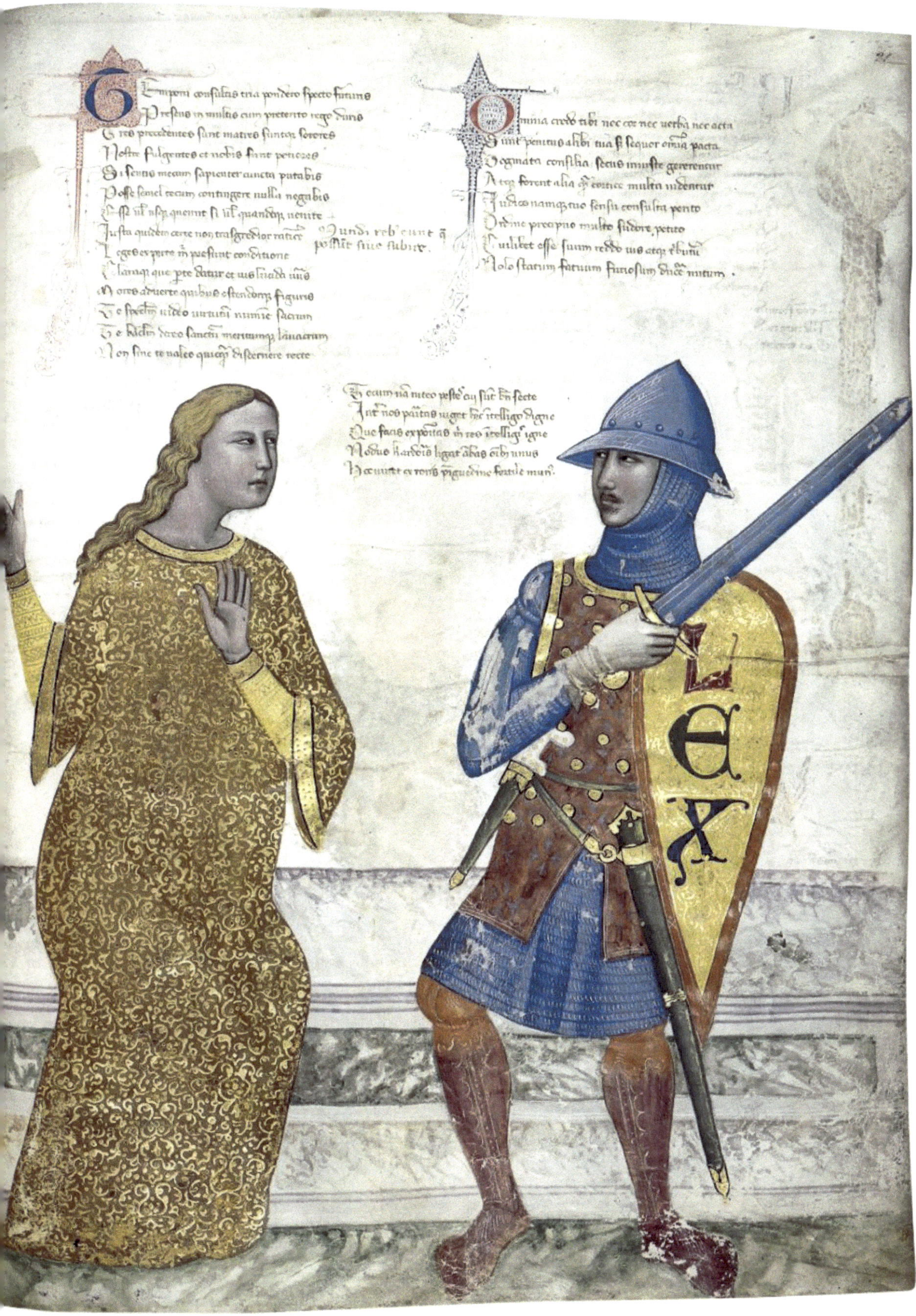

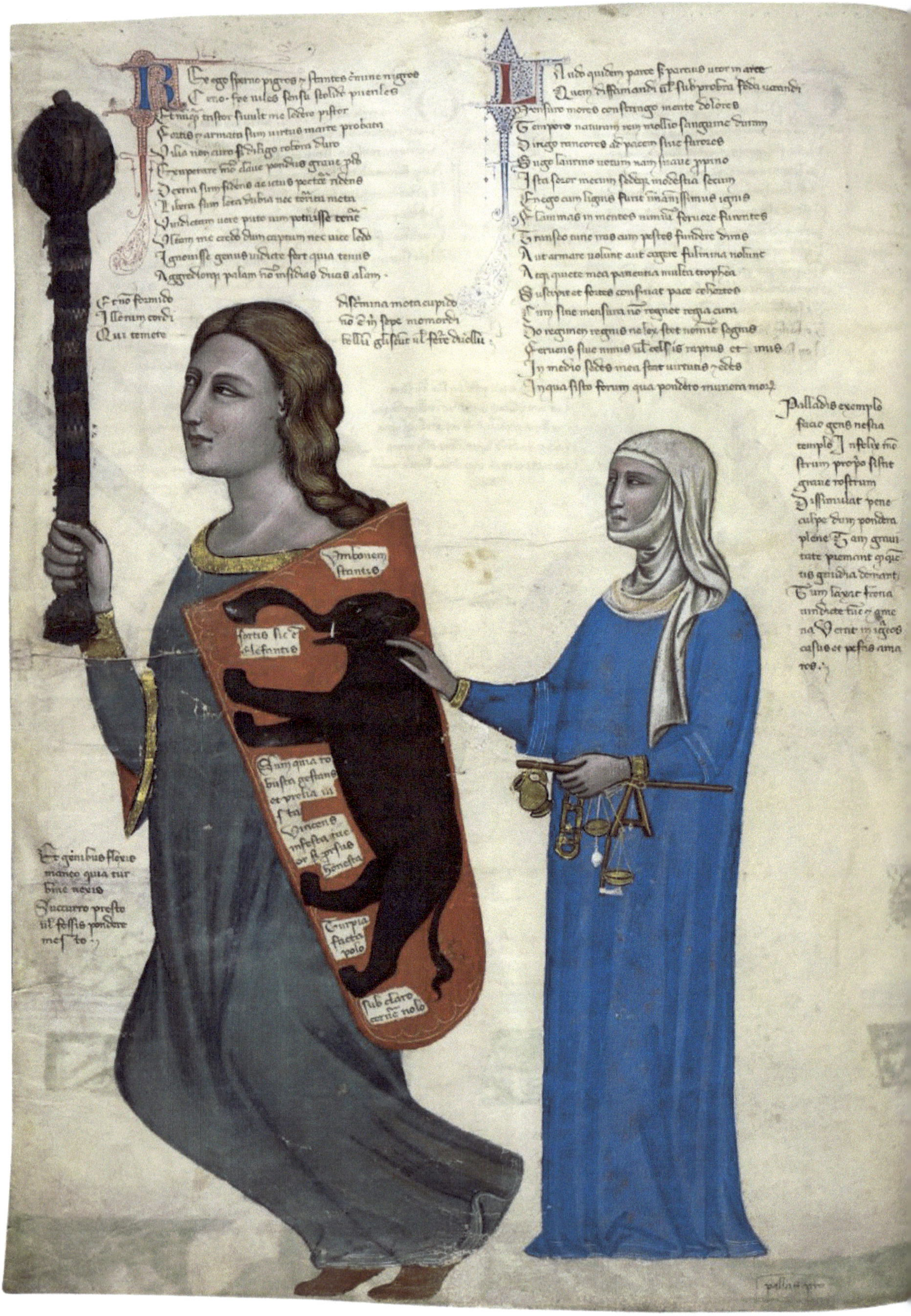

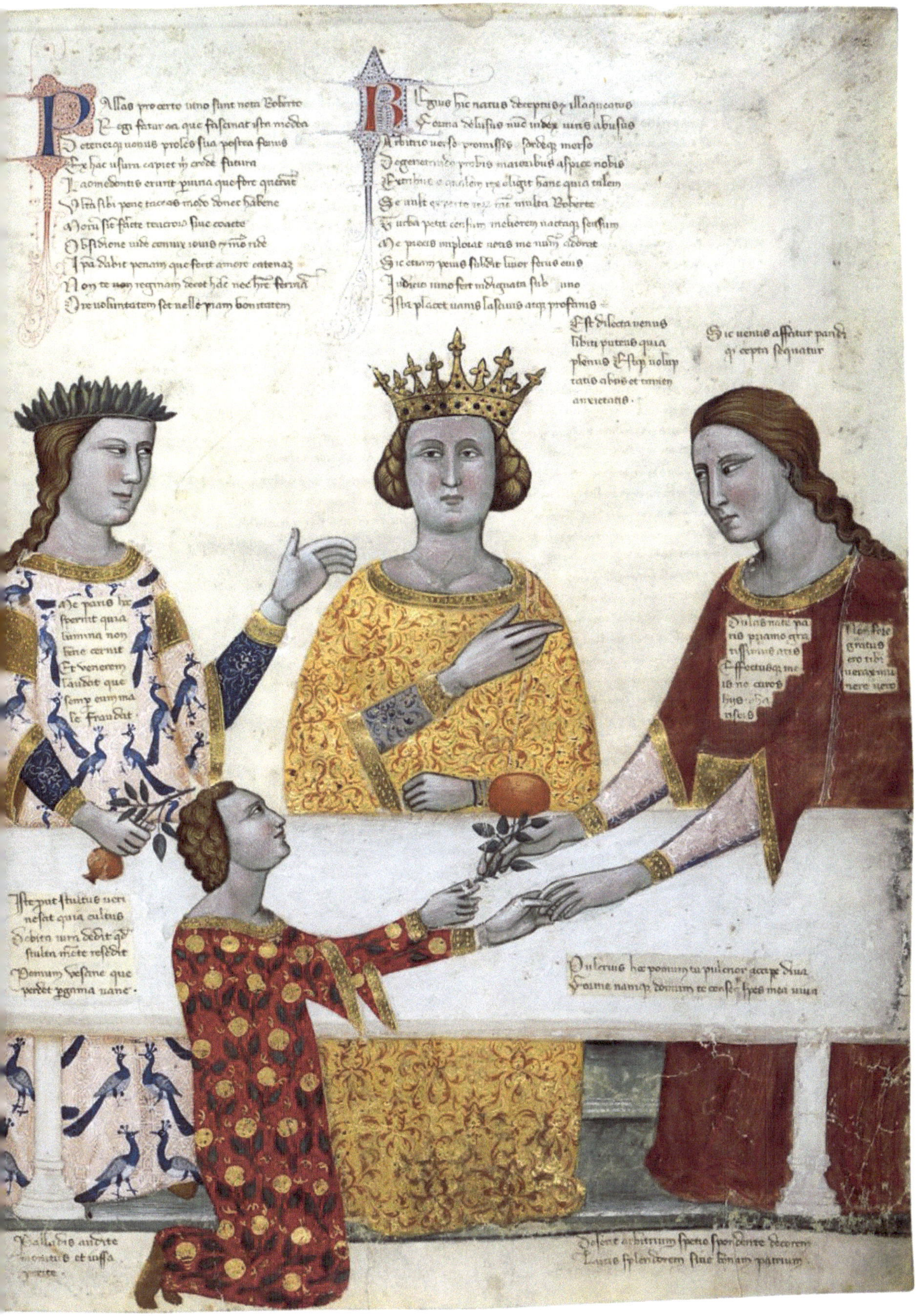

22 recto

Ecce tuba fuit natiuus et paria igne ligatus
Iam ueniens suauis pedibus hec uictore uocatus
Pallia fit anerina morte concordia praue
Dite cum ferma uenus bone arguit sibi dare
Quando pro Siciliam aermis fore delitiosam
Ponere nequitiam cordis decus omne posam
Inde placet meche spartane causa rapina
Qua resonans echo clamat fugiente carina
Conueniunt reges tunc aulide scindere iurant
Per pugne leges priami que pergama durant
Surgent atride tumet excita grecia tota
Ardent pelide cum mirmidonum uice mota
Genus mendax gessit troiam delere superbam
Queue dolos discit si mentem fruat acerbam
Pallas iam pensa uindicte mole pudicas
Que fuit offensa non hanc committit amicis
Hostes impuros uult hostibus asperis plecti
Impurus duros et pro fera uincla necti
Pergama pro iniuris delere condicta dedum
Per genus in dunis exemptum sit quia credimus
Iste uapor certe uerum quia dico Roberte
Nec cassandra uitis amens respondeo dirus
Casibus incertos facit experientia captos
Credit erroris se commendare pudori
Ipsa reformetur uentura reparetur
Si medici non iustus nobis ingo parte minus
Pena parata silet mea nunc sua uilet
Et neque insana quam nuetie quando prosana
Facta gerunt penam frigiis turbine plenam
Dire uenturam mater regina figuram
Arguus erroris in me fore mota doloris
Cuspide non leto uultu dum uera propheto
Vis audire ... dum sunt tot prauia patrum
Proratis curis queso ne decipiaris
Net tu uirtutem credas tu neue salutem
Nec celi iorem tanti dulcoris amorem
Qui uult peccatus nondum merore piatus
Sic me uigere nec quasi lege uideri
Natos ... uictos ut ciues ... maledictos
Darurade nemo seducat nos quia remo
... caret sine pulsatque paret
Vindosis bellis ponti seuis que procellis
Ay mala patratis que comoda papiatis
Hec si credatis tunc legum iura negatis
Equore tyndaridem raptam duxisse atridem
Coniugis ... uidiuantes pace maritum
... petit usus castra rapina
... pro diuite tali
... troiam que magide ...
Nos uult purgare nos ... sit ...
Ramos ... et uerituri
... mos

Cernite mendices nexum penitus ...
Non sedet in mente sapia cauta uiuente
Improuisa gerit libitum cum carpere querit
Non quantis finis scelens replere ruinis
Nos soleat nouit dum spes mala condere nouit
O male prauis iam condita pergama curis
Quando carent tutis ualida ditione salutis
Credere nec curant uisis quibus omnia durant
Sic cadet hic rebus sponsus meus ipse coeebus
Et tuba cum priamo non in certamine amo
Funera natorum primum spectare suorum
Ne misam poteet ut tam trux pondus optet
Et germanorum me deplorare meorum
Cedem me captam quam seuis agmine raptam
Detraheat ad mortem per eam quam predico sortem
At florente coma uirtutis semine Roma
Nostro post surget probitaque mox talia purget
Purgatis morbis huius dominabitur orbis
Postea marcescet tunc uirtus quando uirescet
Atque fides Christi mundo lucebit ... isti
Culmis ardoris fiet uirtutis honoris

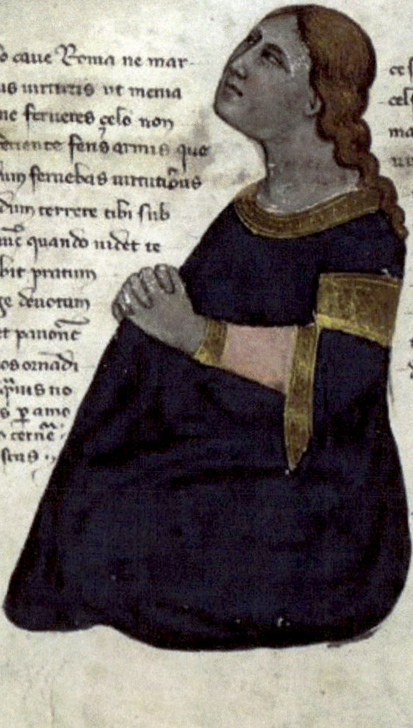

Queso caue Roma ne mar- cescant tua poma
Intus uirtutis ut menia celsa salutis
Si bene seruetes celo non marte caleres
Ne feruente sens armis que uincere queris
Te dum seruebas uirtutibus ipsa solebas
Mundum terrere tibi sub ditione tenere
Set nunc quando uidet te fessam pectore uidet
Dumbit pratum pares semper et gratu
Dilige deuotum rex ipsum pectore totum
Dicet patrone et capies ratem
Diuos ornadi datos uirtuti amore.
Quia prius nos
scias per amo
rem cernere
posens.

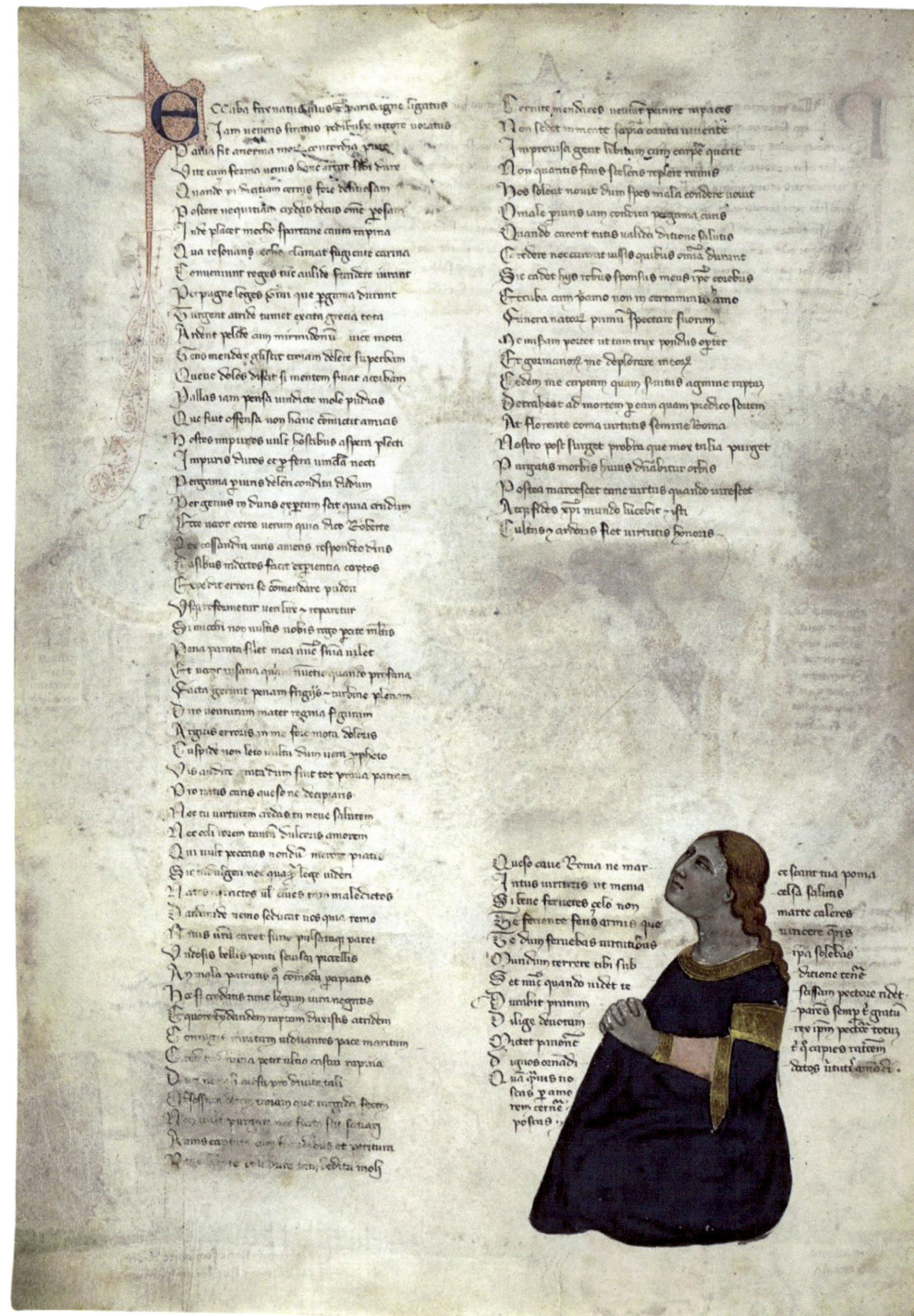

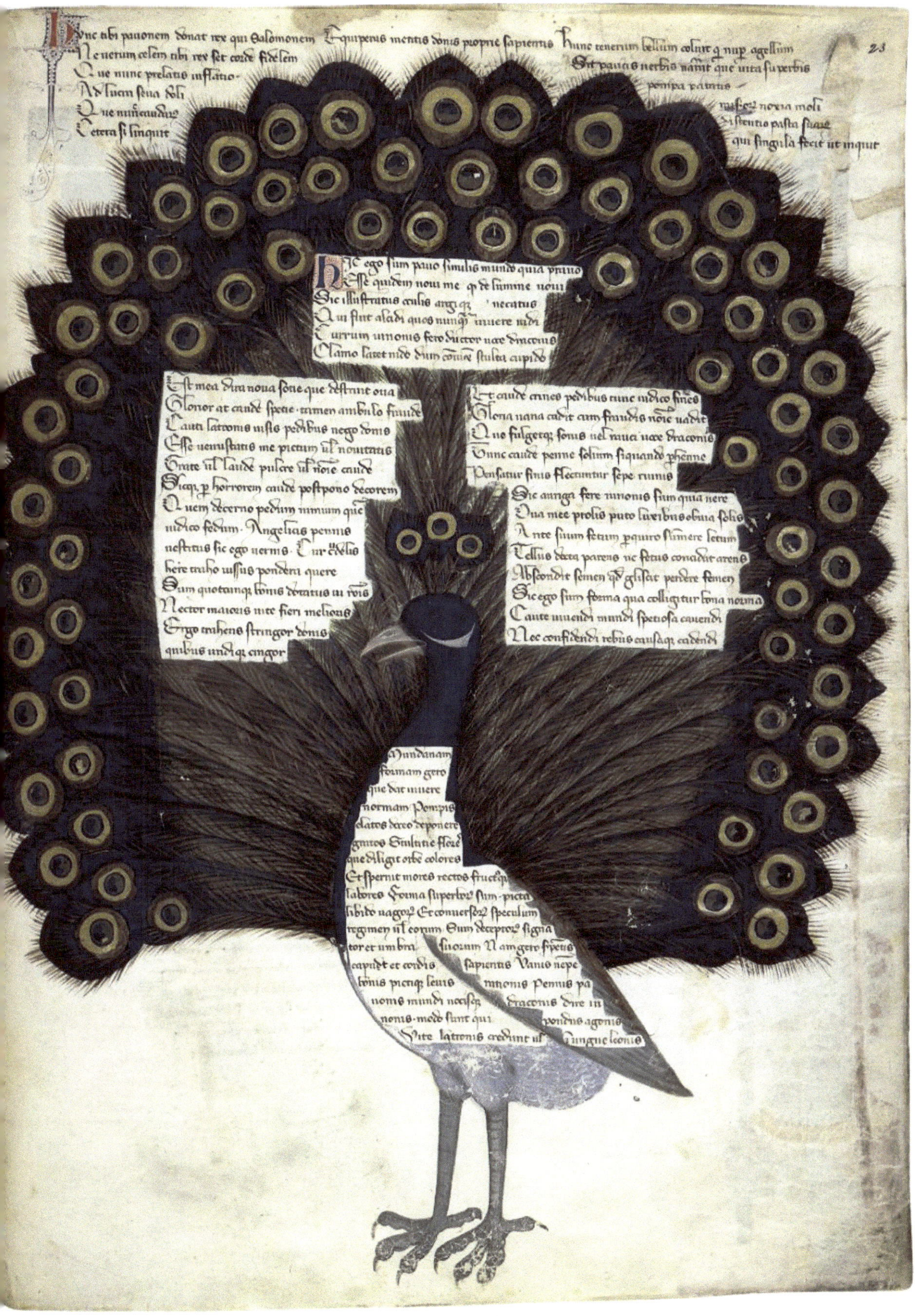
Hunc tibi pavonem donat rex qui Salomonem
Equiperus mentis donis proprie sapientis
Hunc tenerum bellum coluit q nup agellum
Sit paucis verbis namque vita superbis
pompa patrius
23
Ne verum celem tibi rex set corde fidelem
Que nunc prelatis inflatio
Ad lucem sua soli
Que nunc laudis
Cetera si linquit
qui singula fecit ut inquit
Hic ego sum pavo similis mundo quia pravo
Esse quidem novi me qd de lumine novi
Sic illustratus oculis
Qui sunt aladi quos numquam vivere vidi
Currum iunonis fero ductor vice draconis
Clamo latet vido dum conne stulta cupido
Est mea dira nova sonie que destruit ova
Clonor at caude specie timen ambulo fraude
Cauti latronis vilis pedibus nego donis
Esse venustatis me pictum ul novitatis
Grate ul laude pulcre ul noie caude
Sicq p horrorem caude postpono decorem
Quem decerno pedum nimium que
video fedum. Angelicas pennis
vestitus sic ego vermis. Cur credulis
here traho vissus ponderi quere
Sum quotamq bonis donatus in rois
Nector maioris vite fieri melioris
Ergo trahens stringor donis
quibus undiq cingor
Et caude crines pedibus tunc video fines
Gloria vana cadit cum fraudis noie vadit
Quo fulgerq sonus vel rauci voce draconis
Tunc caude penne solum siquando phenne
Pensatur finis flectuntur sepe ruinis
Sic auriga fere iunonis sum quia vere
Ova mee prolis puto lucibus obvia solis
Ante suum fetum pquiro sumere letum
Tellus dicta parens ne fetus conradit arenis
Abscondit semen qd gliscat pendere semen
Sic ego sum forma qua colligitur bona norma
Caute vivendi mundi speciosa cavendi
Nec confidendi rebus causaq cadendi
Mundanam
formam gero
que dat vivere
normam Pompis
elatos decreo deponere
gnitos Stultitie flore
que diligit orbe colores
Et spernit mores rectos fructusq
labores Forma superbus sum picta
libido vagorum Et conversorum speculum
regimen ul eorum Sum deceptorum signa
tor et umbra suorum Nam gero spetus
capud et cordis sapientis Vanis nepe
bonis pictisq levis iunonis Pennis pa
vonis mundi nocisq draconis dire in
venis modo sunt qui pondus agonis
Vite latronis credunt ul lingue leonis

23 recto

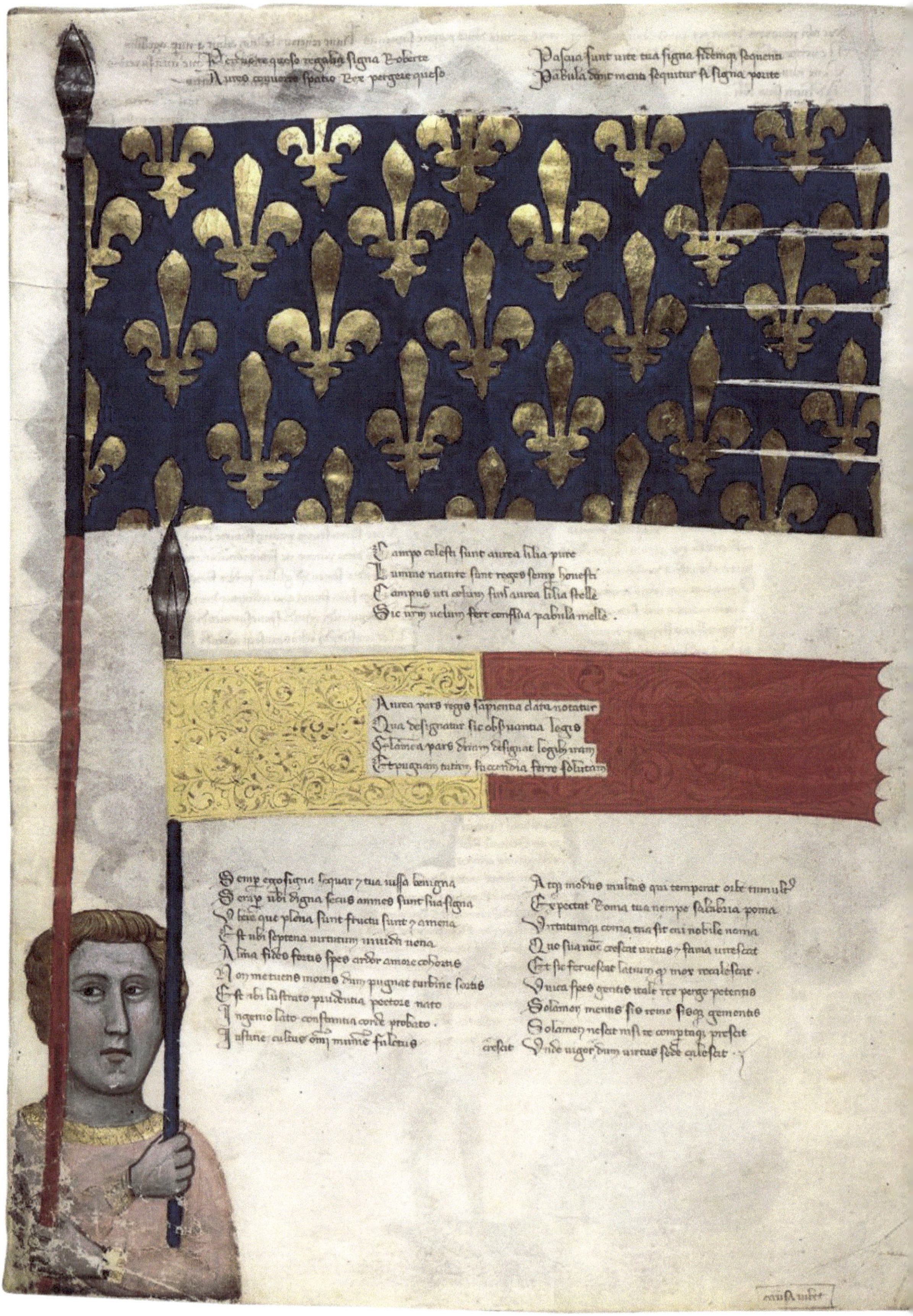

Perduc te queso regalia signa Roberte
Aurea conuicte spacio Rex pergue queso

Pascua sunt uite tua signa fidemque sequenti
Pabula dont mena sequitur ft signa poente

Campo celesti sunt aurea lilia pure
Lumine nature sunt reges semp honesti
Campus uti celum sunt aurea lilia stelle
Sic uru uelum fert consilia pabula melle

Aurea pars regis sapienna clara notatur
Qua designatur sic obseruantia legis
Solamea pars siam designat legibz uram
Et pugnam tanty succendia ferre solitam

Semp ego signa sequar 7 tua iussa benigna
Semp ubi signa secus annos sunt tua signa
Solcia que plena sunt fructu sunt 7 amena
Est ubi septena uirtutum inuicta nona
Nma fides fortis spes ardor amore cohorts
Non metuens mortis dum pugnat turbine fortis
Est ubi lustrato prudentia pectore nato
Ingenio lato constantia corde probato
Justine cultus omi munie fultus

Atqz modus multus qui temperat oibz tumult
Expectant Roma tua nempe salubria poma
Virtutumqz coma tua sit cui nobile noma
Quo sua noc crescat uirtus 7 fama uirescat
Est sic feruescat latium qp mox malescat
Vnica spes gentis itale rex pergo potentis
Solamen mentis sic remis stegz gementis
Solamen nescat nisi te comptuqz prescat
crescat Vnde uigor dum uirtus sede quiescat

Claufa uidet op sic in equo rex stem mo sessor
Orilius armati stegni sum nacq professor
Oraucensis rerercq suam sic stando figuram
Indulge siei subiecte respice primam
Oentem desteuam tibi semper ubicq paratam
Nam dno micchi te dnm cp te soue cgutam
Esse meum nostras in preaincto quia cerno
Rexqua uirtutes sequens nuqi tua spherno
Jussa precor dignare preces aut ire precantis
Sponte tibi uero sidei celo samulantis
Prem mea tibi mace preces au supplia mete
Pornigo pro Roma gente mea mo ssente
Sic eget ipa parens tutela nuncq senatus
Sensato senio rex cuius tu traboatus
Onondam consul amor quia senis urbe Senator
Te rogat ut culpe ne crescant slo mediator
Indiget ipsa tui presenti conditione ✙

Simplico prace qui regia uirima audit
Orec tua que crudit in iniela pro bicuitate
Exaudire uelis que possit nomine prati
Et ubi sint gemt uiuentes rex pie celis
Soua lausq deo tibi rex decus inte paratur
Detantecq datur erume spes magna trophceo
Preo sauench seu uerbois sato labere
Justa salus sore qua possunt ut mala sem
Et sic parnate putent si scrm do uidentur
Ipsa nec us dantur sic prelia bum soue mirat
El quasi re nim contingere cp mediame
Unde retardantur are sigent inunera dma
Dec ea complent sedabit bella retusta
Et umcq uia justa redcet comora quieta
Non siunt sacile que no in pace potuntur
Domacq plangantur senio qi iam munense
Tempus inectat rex daps lio ✙ pius esto
Ut scieas presto tuus ut pater ipe soltbat

✙ Cum manet anaps mentis suctannis agone
Si uirtute tua quam sperat pace struetur
Consicas selic cp te sortuna sequetur
Scilicet ipa bei que gra pspera reges
Sublimat siuat letatur condere leges
Sic ego sphero quidem amor hinc orietur in orbe
Osp discedes longe tu pessime morbo
Psoue soli optum te salso putasse puebie
Sorte qi qui sequitur tua pessima uota delebit ꞓ

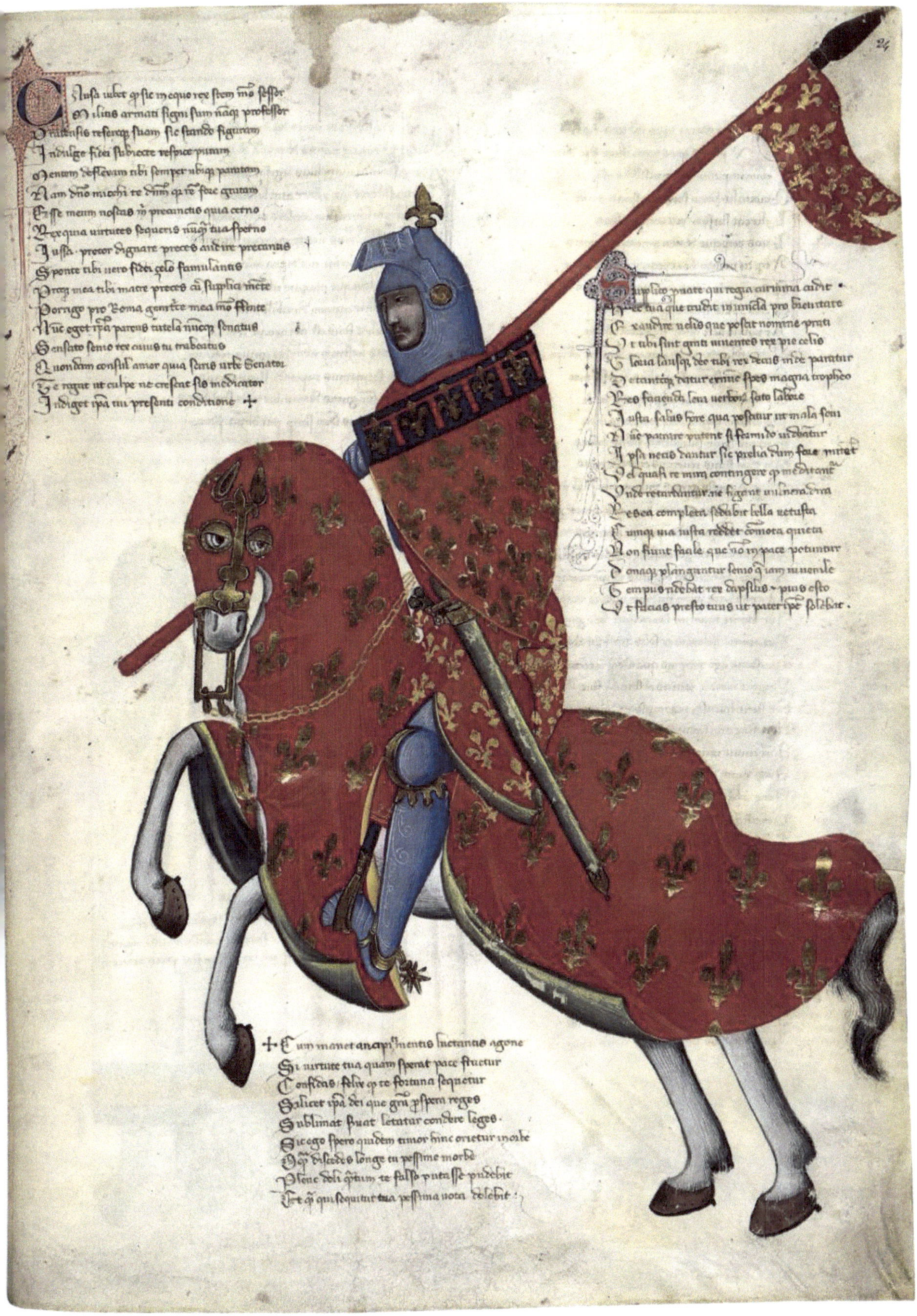

pro sua ... (marginal note)

SIlites eterni regis mo corde fideli
Ex picolis quos terra tenet fore creditur intra
Celum empireum sic invisibilis usque
Qui mortalis homo spolietur spiritus inde
Liberet sursum veri iam sorte beati
Quas perpetue deitatem nempe videntes
Atque dei tronum non expectant nisi surgant
Ex sua quoque iacent nunc mortua corpora uiua
Sed eius apostolice species signatur ab illa
Ac tua rex uere quoque formatur ab ista
Non mediante tuum regnum donatur ab ipsa
Ergo potes summum precibus deposcere uite
Et debes etiam quia iusque sapiosque perite
Pontificem secum ualet meritoria uita
Exorare deum sic matrem filius insono
Sic dum sumus reuerens et corde parato
Mundus opusque gerens purum tibi suppono princeps
Deuote reuerensque precor bonitatis amice
Sanguinis egregii set precipue peritus
Semper amatorem generosum postulo uultum
Ac animum nitidum digneris ut ipse uinare
Hoc opus hocque purum studium uirtute magna
Illustrante tuum cor sancta luce benignum
Rex aperire uolam tunc solis auribus alme
Questans ego propriis quandoque retectum
Repperit inuidie merens obstacula seue
Et stetit hucusque res imperfecta dolore
Non sine multiplici pro pretensis usque
Nunc tenuit tacito super ore silentia muta
Sicque prium deminuit opus per tempora cuncta
Pene iohannis humi qui pedem castra reliquit
Pontificas quondam summi quo cepta fuerunt
Summus cesaret fini primordia pastor
Sepentoque dolo sic impediente maligno
Perte speratur felicem summe finem
Virgum penitus mens inuictissima que non
Frangitur aduersis numquam corrupta secundis
Quam deus eternus post maxima tempora donis
Impleat atque dominus gloriose faciat gaudere beatis
Secum qui semper uiuit regnatque deusque
Secula cuncta regit rex infinita manetque
Inclitus et uere laudabilis omnibus amen

TRes sumus et metres donamus fonte sorores
Primaque nature do munia do genitiue
Dono secunda uiam lucis legisque sophyam
Terna sudores ego patior atque labores
Ac operum latrix sum consors atque paratrix
Nos simul oramus nos te pie rexque rogamus
Ut sicut dona meruit tua digna corona
Nostro fonte boni que manamus tibi doni
Copia sit uite regnum durabile mite
Post hec celorum fons est ubi nempe bonorum
Cuius scias nostrum nomen dat gratia rostrum
Nullum formamus rapiendi si capiamus
Duplum tunc gratis damus aut plus sepe beatis
Centuplicamus idem semper put omnia predem

Virgines celle
sumus ut nu
deque puelle
Pure donamus
data set non
impperamus
Non expec
tamus ex
eis quid
rapiamus

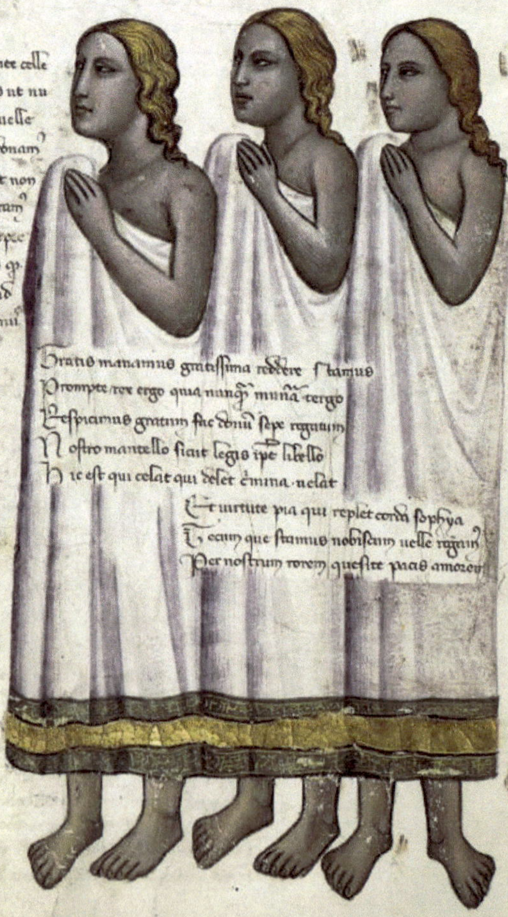

Gratis manamus gratissima reddere st amus
Prompte rex ergo quia numquam munia tergo
Respiciamus gratum fac donum sepe rogatum
Nostro mantello sicut legis ipse libello
Hic est qui celat qui delet crimina uelat
Et uirtute pia qui replet corda sophya
Secum que stamus nobiscum uelle rogamus
Per nostrum rorem quesite pacis amorem

Hec ope uirtutis fiet rex sacro Roberte
Nostre sicque tue cito fac opus utile certe

Iuno uero

In uno uenus pallas non sunt in nomina nata
Et quamuis fallas stultos omnes tua roste
Cum sapiente fera concordia tu pasiphea
Vitaque set uera uenus e fedis pharisea
Est natum parens eadem dea que bona iuno
Paupertate carens trino sumus ergo sub uno
Tres sumus atque nouem nobis dant nomina muse
Que dixere Jouem patrem mendacibus use
Et tandem deam tribuunt quia uerba latini
Non subsunt nati noscentes quam uia fini
Et que uita parat reditum que luce mage certa
At que litus amat gens que sic arare dicta
Quisquis nos spernit fugimus sponentis amore
Nolumus ac cernit nos secum siquis honorem
Nostrum seruat habet tres qui bene diligit unam
Omnes nec tabet culpis colit ut pote prunam
Ut metat ex aruis segetes ipsius opimas
Expensis paruis et dotes semine primas
Nostrum semen amat studiosos nempe colonos
Pigros diffamat uel fraudes fingere pronos
Verbis bis nouis crebro tres ergo uocamur
Ac tandem demis dignos ditare probamur.
Nos refamus dona supna parum et horus
Regis amamus tamquam moderna puteque decoris
Enus honoris opes meliores sunt quia regum
Sunt sua totis munera flores ordine legum
Nos apimus hostia musis artibus ortum
Quando uelimus turbine trusis pandere ponum
Sunt ubi pendula filiaque ramis aurea poma
Pectora credula non data damnis quas probi Roma
Non excipiebat ferre merentur habere tenere
Jam fore flebat plebs sine dentur hec ergo placere
Fecimus herculis esse uigorem fortis agonis
Et uada psilus acta soporem mente draconis
Bomeret ingressum cunctis qui ponder fessus
Pretiment unus quo gessit summus et unus
Secum sunt cunctos nolumusque lecari
Sede sua firma nam mundi mobile firma
Ducatur huc illo nacet et quandoque pupillo
Et uidue quare quia nescit pressa iuuare
Nec scit perflare si gliscat ad alta uolare
Non sequimur manes nec amamus prorsus ianes
Pompas fallaces et turbas uere fugaces
Uentosa stamus secum quos linas amamus
Recti factores hiis accumulamus honores
Hos exaltamus homines ita iustificamus.

Dona supna dei sunt uisie tam facti
Dulcia cibus ardoris qui semper crescat amenis
Flammis perfecti sunt gaudia poque refecti
Numquam turbantur nec eis umquam satiantur
Sunt sine mistum meroris sunt sine cura
Defectuque sine quoque quia sunt sine fine
Plena saporosa nimis sunt delitiosa.
Sunt ibi cuncta bona que gliscunt agmina dona
Arbor hec est orti que non stat subdita morti
Nam lignum uite fertur fore quippe perite
Hec numquam moritur set ob id super astra ueitur
Et scaus hanc fontes quos fundunt culmine monte
Sunt nidi lacti similes dulcedine nacti
Celestem rorem seu saluificaque saporem
Pomis regales quos nostri rex speciales
Poma set hec cuncta sunt optima naturaque prima.

Justine frenum pomum de robore plenum
Est regimen rerum ponderisque rigi feterum.
Notio diuina super aurea poma polina
Est que plus lucet que sursum uiuere ducet.
Pomum set clemens quod cor perficit fore demens
Auro formatur superare metalla probatur.
Pomum nature uitalis uis geniture
Quo quis ditatur scit opus quod et hec operatur.
Dactine splendens pomum dicet omnia tendens
Lucem sceptrice monet urbis uita future.
Hec miseris missis pomum succiunt egrotis
Auxiliis ueris prodest solamine notis.
Istud habet pomum uerissima dona saporis
Et pandendo domum ueri tenet ardua roris.
Ignem feruoris uideo sapientis amoris
Pomum dulcoris plenum celique saporis.
In quo maiestas in quo diuina potestas
Et bonitas eius sapia nobilis eius
Virtus et fortis que frangit uincla mortis
Et uideo dona septem ne omnia pura
Obsint ignauis incolulis neque prauis
Uite hec pe domum tu de ... lectabile pomum

Hec plenum sicas plenum pinguedine lucas
Hec resident partes hec omnis orbis et artes
Hec uideo flumen manareque metus acum
Inde uiis mor legi ... ones atque bonorum
Duci simones uarias ... sicut rationes.
Hec quoque septena bona st... uirtutis amena.

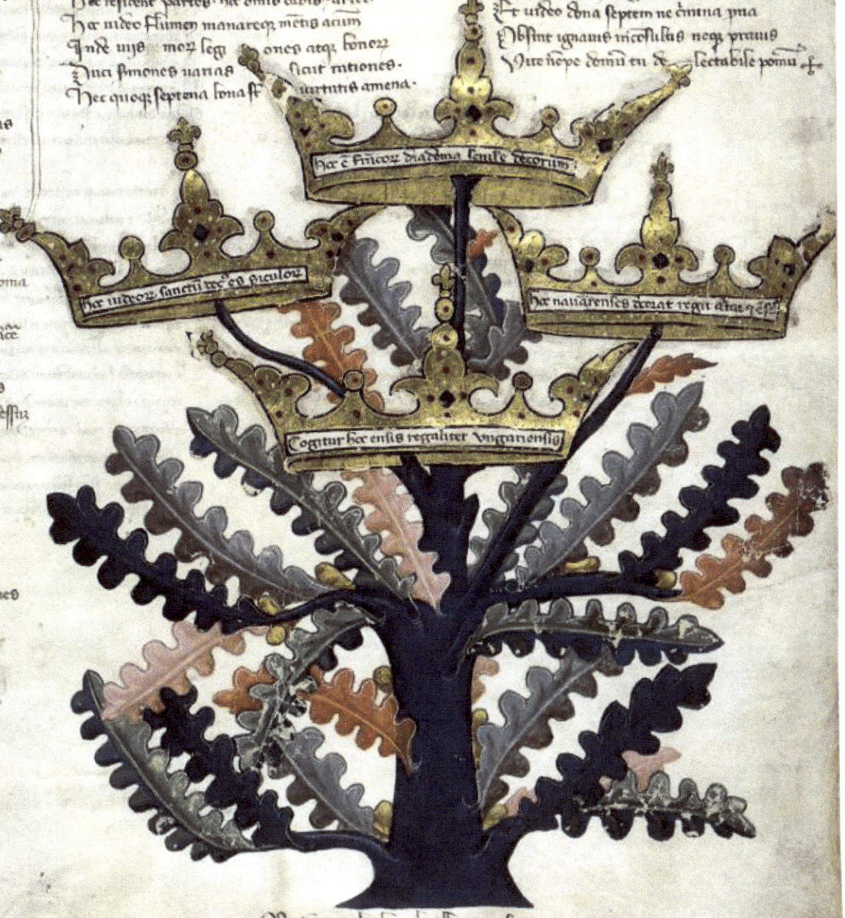

Radix uitalis humili tellure uirescens
Est hec absque malis uirtutum margine crescens.

V
na
salus
italis hec
e et spes spalis
Hec est &c digna redolenti fronte benigna
Jerlm regis hec dialeq3 corona
Data p decoratur diuite legis
Luce piter3 specle uerap3 honor3

Hec est
Francorum
dans aurea
dona proferum
Aut ubi de torum ne coro
tue sp
uis pma
meliorum uasa sacrorum Radix rex3 hec
Fulget in hac morum hic experientia quor3
Virtus est florum redolentia suma pior3.

Nauar
re clarum
diadema cre
Ger mine atur in is to
quod xpo placet horrens fictile fictile rarum
Fictile uas gallis nō est gratu neq3 callis
Ambiguus festas res dat sibi dulas honestā

Vn
garie
sertum ge
nuit que ue
tre Robertum
Proles que Regem meruit quo noscere Regem
Posset et hec uenas et regni ferret habenā
Ferrea uirga domat reliqs qs nūc pmat

Arbore gallorum creuerunt quatuor iste
Que tibi sint xpe fruate Lucem piorum
Regum persone sicut sis sede beata
A uirtute data pretiose nempe corone.

OMNIPOTENS potentia etne maiestatis
eu deus sapientia supne ueritatis et ardens diligentia itne bonitati.
Virtus beatitudo thesaurus gratiar3
immensa plenitudo uultus delitiar3
et suma pulcritudo sublimium formar3
Lumen aquo descendit omis intelligentia
et mea que ostendit omis que fert scientia.
pme quicquid accendit atua refulgentia

Digneris quare lux nunc fulgora creatrix
Et rex satrix mirabilis alma beare
Vota precum quar3 scis esse fidelia digna
Iustitie signa nostri documenta tuar3
Protege psonas regales aurea prolem
Lilia ne molem subeant hor3q3 coronas
Felices sistant fac quesumus ut q3 polor3
Rectores illor3 quia que mala demonis instant
Te sine conatur proba queq3 scia frustra
Vicere plustra contra si cuncta feruntur.
Audi sūme pater te deprecor aspice natus
Nati pene datas ego quar3 sum pia mater
Mundus agit fraudes fantastica dicor ab illo
Eius ue illo recipit uersutia laudes

Da itutem uaq3 restendi da notitiam munimina necessaria capiendi da uoluntatiam gram efficaciter instruendi p sancte incarnationis misterium qd humane nature saluationis brauium uinctauit p natiuitatis gaudiose tui unigeniti mirandum stipudium quod inchoauit humane redemptionis stipendium p baptismū eius 7 sacrum ieiuniū que aucsis uere mundificationis et penitentie allemauit misericorditer stadium p crucifixionis ipius uictoriose suspendium que nror3 debitor3 psoluit dispendiū et extinxit culparum incendiū p eiusdem glose resurrectiois triumphale preconium quod etne uite diuitias reparauit 7 gaudium p ascensionem prefati tui pmogeniti admirabilem 7 promissum qd in aduentu sps sci paracliti est impletum Qui tecum 7 cum eodem spu in unitate uiuit 7 regnat in secla seclor3 AMEN.

Rex pictor audiri dignissime si placet ergo
Dignetur miri cordis dare hic pigri tergo
Dona regalis nec tedeat istu referri
Te mala nam uerri cupiunt culpe laualis
Nec sunt uerba pie clamantis uera sophye

TU ES REX IUDEORUM

Altissimi prouidentia prescia protoplastum regez
genus genitorem humani honore ac gloria coronauit cuius
omnia subiecit sub pedibus et paulo minus ipsum ab angelis mino
rauit cum animam corporali ergastulo circumclusit interiores
uidelicet hominem ubi est continuum prelium et uictoria sati
rata. In primo quidem certamine de supna despexi tunc spe
cula preuaricauit ipse creatoris preceptum et incurrit dupli
cis exitii detrimentum et fedissimam regno perdito seruitutem.
Obiuus originalem conflictum nos genus humanum ipsius
propago exilio tenemur temporali. Placuit autem media
tori deitatis et humanitatis qui nos amauit immense per quem
omnia sunt creata natos liberos ante sue incarnationis de
scensum regum statuere dominatus et principum ut in suo salutari
aduentu stuporem non faceret ruditum regia nouitas accessus.
Venit tamen idem humilitatis saluberrimum speculum et exemplum
occultus nolens pompis assimilari mundanis qui uenerat
fabri namque filius uorator carnium plebis seductor demoni
acus samaritanus blasfemator et sabbatorum transgressor et
legis. Verum euacuare descendit fictilia lutea uasa ple
na uanitate mendacii ut in se credentes aurum thus et mir
ram pro fidei offerentes credulam ueritatem eterni secum
regni faceret participes et heredes et qui non legitimus in
titulabantur uocabulis reformarentur sue unctione salu
fica maiestatis. Unctio uero prefata quibus ante regnum
iudeorum siue ut latius exprimam est exhibita hebreorum nulli cer
tissime sicut ueritate rex noster christus mox tu es rex iudeorum.
Ut ergo genus humanum euidentius intelligat ueritate in
nocet regis regum piissimam genitricem uirginem gratia uere
plenam dicendo Aue uirgo maria gratia plena dominus tecum
benedicta tu in mulieribus et benedictus fructus uentris tui et cetera. Tu es rex iudeorum.

Inuictissime Rex Roberte non blandior. Inter omnes quos
meis educaui dapibus poculisque modernis temporibus
glorior de te solo rege dignissimo iudeorum id est confitentium
christi nomen. Tu siquidem retines de regibus uerum lau
dem. Sunt enim qui cupiunt uentosum uulgi et caducum
fauorem relinquentes pro uana qualitate substantia salutare
tu tamen plus meritorum contines intrinsecus quam regali nomine
protendens quod in uerbis propositis optime declaratur.
In quibus quatuor mirabilia munera diuinitus intelligo
tibi data. Primum est mera post christum regalis sublimitas que notatur
in hac pronomine tu predicto. Secundum est generalis data rebus es
sentia sed tibi singulariter sic per collata cum exprimit es hoc uerbo.
Tertium est regia preeminentia salutans in te nata cum ait Rex.
Quartum est uenialibus fidelibus indulgentia elargita cum sub
ditur iudeorum. Tu rex Roberte meritis es sublimis inter reges tu po
tentie patientis indomitum armamentum tu sapientie intelligen
tis sapidissimum salsamentum tu diligentie desiderabilis ama
tissimum tegumentum. Es igitur speculum ceteris ut se tuo ge
rant sapienter exemplo qui es essentia ecclesie mansionis.
facit custodia iudicio totis alterius latria beneficiae reuerentis co
blationis ut potius possis dicta exercere ac fungi sacerdotio quam
regio dominatu. Ergo rex es tu et sacerdos uirtute. Rex ei laudi
nis spiritu mansueto et humili. Rex commendans mira conuersatio
ac deali rex intitulans compassione mirabili rex predicans
pacificatione solabili rex decorans purificatione sanabili rex
promulgans passione uenerabili rex decantans affectione
satiabili Rex etiam decorans iustificatione sacabili iudeorum
qui deum unum in trinitate et trinum in unitate simpliciter confitentur
qui fidei articulos confitentur qui se missos ut ueniam habeant
confitentur qui adeo gratiam non suis operibus recipere confitentur
hec credunt affirmant ratificant iurant censent. rex es tu quoque
iudeorum ergo domine yhesu christe rex tua letabitur in uirtute. Rex
est et filius idem regis. Da sibi domine tuum regi iudicium et iustitiam
filio tua regis ut qui habet in ytalia parte regni ubi est mundi
monarchia terrena te donante sic suum dirigat principatum
quod obtinere te donante in perpetuum mereatur cum sine te nil pos
sit fieri ubi hic emundi saluator qui rex regum et dominus dominan
tium nunc et semper. Regnum tuum clementissime rex Ro
berte non est uere ex hoc mundo quia tu es rex iudeorum. Viri spiritu pau es
peres mites misericordes afflicti sitientes et esurientes iusti
tiam pacifici mundo corde ac persecutiones propter nomine patientes
sunt in ciuitate uidei mundus hos odit et quos paucos reperit
pene opprimit atque torquet. Cerne ipsum tui regni a primate
primatu computa usque priorem tonsuram usque christianus unctam
baptisma non tango et iudicium ipsum numera pudebit regum
solium paucitatis fidelium iudeorum. Nichilominus tu es Rex
iudeorum per hostium ecclesie unctoris. Tu es rex per prosapiam
regie propaginis atque prolis. Tu es rex per potentie legitime ma
iestatem. Tu es rex per sapientie uenis lucem. Tu es rex per intellectus
operatorem uirtutem. Tu es rex per consilii electam cognitam salutans
Tu es rex per fortitudinis constantiam singulans. Tu es rex per cle
mentie uiam compassiue. Tu es rex per scientie ostensione laudabile
distinctione. Tu es rex per exhibite deo reuerentie latriam iudeorum.
Noli quesso uirtutem tuam adulatoris arguere non adulor. Utinam
hec omnes homines saperent et tuas intelligent quas ignorant uirtutes

tue · cu sue saluti unanimit' tecum remedio prouideret · Tu ne
q'? Aliquid recognoscent se nescisse salubria et n̄o honorasse uere
da. Tecum loquor domestice · m alupne que n̄o desiam usq; mo
tem · Simeon̄ sequaciū quos tui uolumina uideo in uniuer
sa mee instructionis mandata sectari̅s · licet in clementie fui̅s
ubiq; operibus mansuetudo papua · liberalitas spalis · Atten
de ne stupeas rex · attende · Tu non emisti regium diadema n̄
promerente ūtute · Non sunt electores precipibus formidis
impressione presenti trucidatione nefaria dolositate falsaria
carnalitatis astrictione interueniente aut odio ul' muneribus ce
lebrate · Non uis rex uerbis sidera tangere quibus presides
transcensione regalium mitor̄ · Non es pharao cordis indu
rati senitie · non es holofernes ebria libidinis uoluptate non
Golias elatione superbie · Non es Baltasar stultitie captiuatione
puse · Non es Nabucodonosor qui uasa dn̄i captiuauit · nec es
qui ei abominabilis sobole uasa dn̄i imperio pphanauit · Seruis ei
rex · obedis dn̄o in timore · Fidem ne insectaris questionibus fere
sum nedum n̄o insectaris insectatores abhorres · Iustitiam ne
simulas opari certe fictos operantes cernēs dedignans · In maq
nimitatem n̄ue negligis quis audeat id proferre illam habe
cordis constantem uirtutem in senio que in te feruebat ainuere ·
Nunquid indignaris cum negantur que petis rex uidet' que po
stulas tibi posse negari · semp magis donare q' capere magis
parce q' ulcisci potius patienter sufferre q' indignant' ulcisci po
tius prudent' tace q' temenite de incomprehensibilibus iudicare ·
Quid igit' et dignius cupia adria n̄ felicissimā cum optare uite
longitudinis ipsi potatez q' eorum rexes id est paras bte · s · iustos
confitentium uerum fidem catholicā ap̄licam ortodoxam erge rex
es tu nec elat in prosperis n̄o frangit aio in aduersis n̄o uinc' tempta
toribus uiolentis cum dn̄u uite heas protectorem n̄o fraudulentis
consiliis deceptus cum diuina illuminato agit tecū n̄o impulsib;
preoccupat subitis · commotus cū sapie te pulsis ... pro
duce n̄o continua uexatur crīmnū fastiditus cū sin intermissione
oratione mentalem offerens creatori · Ergo rexes tu iudeor̄ et Je
rusale' in gra saluatoris · Fac itaq; ut inuitis etiā pranis la
guidis senectis iniquite t'cum aio reuerent' deuotis subiciaes hr
tua fidei spei caritatis sapie iustitie fortitudinis temperantie ac
tot beatudinum senectute ut eternam amplius merearis in uite
non finis n̄ deficit senecta · Eas enim regem regum uitā p hu
mano redimendo gn̄e posuisse ut ceteris cederet in exemplum ·
Regalis in te stirpa rex apparet quia geonologiam continens pro
uos generositate coniunctā uirtutem auor̄ liberalitate pentū tum
felias re. tam Regis libertate q' bone me · regine · m · honestissiā
pietate et ut latior pmia sceitate · Et quid ult' celeste sydus ger
manum tuū btissimū Ludouicū in stirpe tue conbi memoriā tue
quidem et refero tue prosapie gl'am letitia · triumphus · Dimis q'
protectus hec seclo qui cū gl'osus couterinū hos aduocatū in celo ·
Unus rex directus in regno q' tale aspicias exemplum relictū in
clero Essentia gualis e tibi credita singlariter rex roberte · In
natiua gra · scriptura · Innatiuā quidem cca aiam ingenij acuti
simi luminare creatoris discretissime iudiciū singlare uolun
tatis ordinantissime obsequiū familiare · Irascibilis potentie po
tentatus contra crimina obstaculum iugulare · p quod uides liuidum liuare
culpam inficiente quam fugis & recipis imo pellis p uolunta
tis obsequium familiare gloriam reficienter affectas sequeris
celicam ? procuras · Per iudicium singlare mundū deficiente
despicias et fallente · Per potentatum aut' sub diuine timore pe
na affligentem es precauēs ? caus illi extirpas · Et ut sermonis
membra certa tuo intellectui discutienda relinquā obiter attī
secundum deficientis mundi cuius ruinā puide aspicias istaz
statuam figuratā et uisam a rege Nabucodonosor iā erecta bene
recolis · pferebat caput aureū ? excelsum idest sapiam fulgidam
p quam hoies magistra reputant · Pectus ? brachia ex argento
et man' uideli pomposas et opulentas in possessionibus facul
tates p quas multi deici uitulantur · Corpus ereū · s · eloquē
tiam atq; famam p quas plures cerubici comendant' ant
ciceronici fontis dulcis · Tibias ferreas atq; ? p que pote
tie atq; diuina fortia denotantur quibus mortales extimant'
terifica ? sublimes · Luteos denī pedes et fictiles hac corpo
rales figuras fragiles quas mors perimit ? quatuor diruit illa
simul · Tu uō nec adoras statuā neq; iubes p alios adorari
Sicut Sydrach misach et Abdenago deū celi in flamis salu
fice caritatis sic colis ut os ad benedicendū ipm exemplari ūtute
hoies cetasq; creaturis uiuites reddens unicuiq; qd est suum ·
Preteri rex no sistis monstrū carte facta ifelix ut plurimi diruat
n̄o ei iniquos pficis psides in sac' ipsos pluri & n̄o recipis iaiā u
tiū ul' monstrosum ul' seuum n̄o obias siu' iaas in regia celiaz
aliquā hereticam blasfemiam ul' infame · Non fingis leges ad
libitum nec refingis · Nusq' epulandum diis hospitib; ap
pemis · i · susurronib; psidis tuam uitam nec uinoris passus
es adulterium fieri neq; strupium palladis attemptari · Phebi
filias in uirginea honestate seruasti quas multi conati sunt
tur noluisse turpiter deflorare · Bacchi quaq; amites ita re
pudiasti sorores ? ear̄ famulas furias ut eos in aula regia
feceris sobrietate temperantie subiacē · De phyalis aut' inig
tate repletis noluisti gustare · Meritis igi' regij iudeor̄ rex
diceris cuius tanta ? tot munera tua regia celsitudo celitus
iam recepit que tale prostratis scit parcere tale repellere scit
sternēre scit rebellium superbiam contumace / ūtute sapie ac doctrine ·
q' tecū sum n̄ desero mo comitor ut fidelis genitr' baiula et ut
nutr' ubiq; sum iuxta solliatu ? attenta tue ppetue sospitati
custos · tutr' et salutis suande diligentissima speculatrix · quia
REX ES JERLM ET JUDEORUM
CORONA · AMEN · LAUS TIBI XPE ·

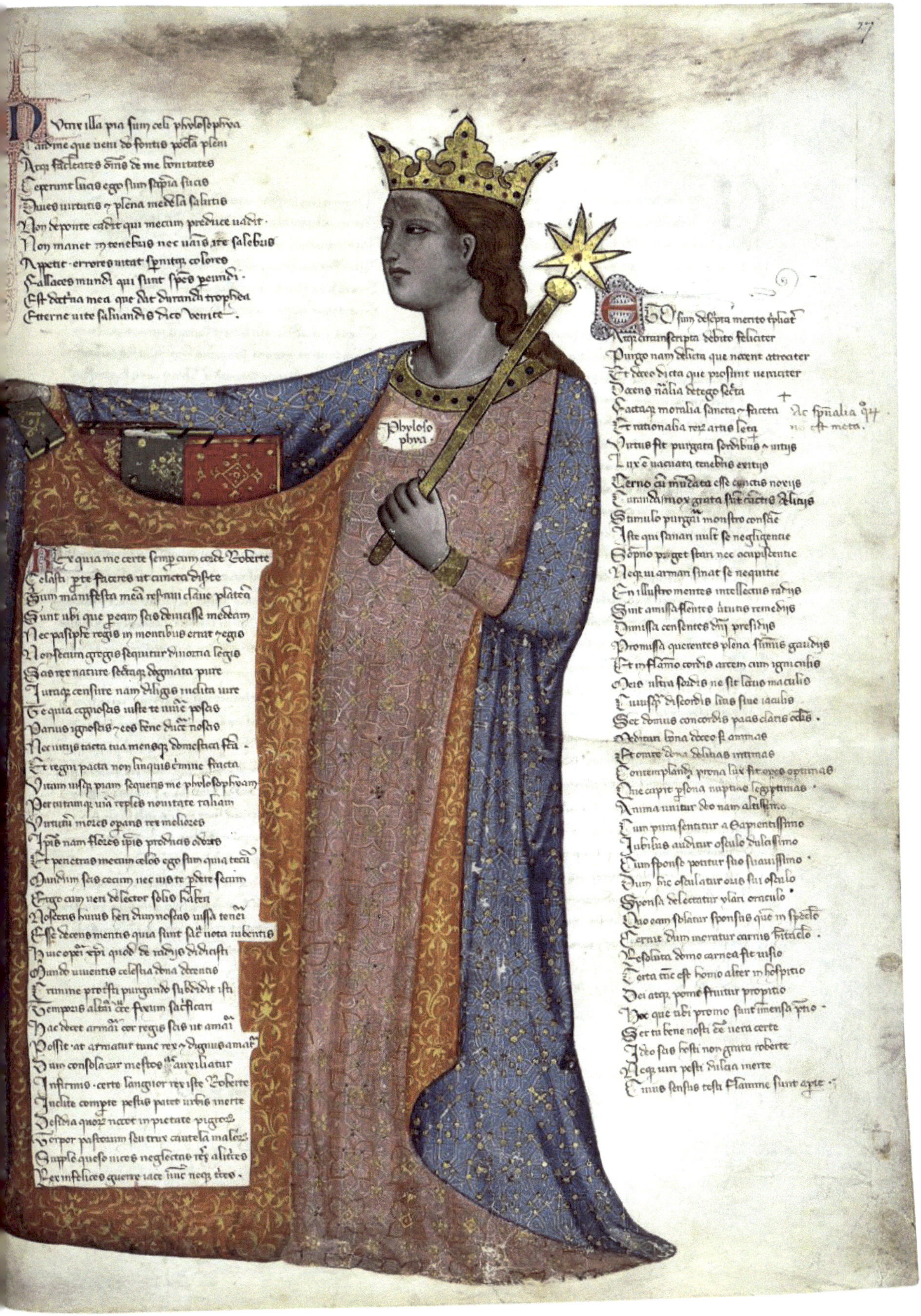

27 recto

Ut nos deus impleat rore qui redoleat et uirtute postum
Liberales celitus artes nos et penitus illustret te petimus
Rex Roberte inclite sede firmet diuite celi sicut gliscimus
Nos decemus cortice scribimus et codice quorum sensum tegimus
Intellectus alius et munus est melius latens quod intendimus
Quod iubemus congruum est opus precipuum salutis quam struimus
Veritatis metodos quam per lacos synodos perque tot inquirimus
Fons est diui luminis bonus atque numinis quicquid scimus quod est optimus
Ornatus purpureus uerbis sensus aureus et flos uenustissimus
Quod depingi nolumus et tam dicte quesiuimus modo sunt quos canimus
Hoc est illud triuium per quod ad quadriuium ueniri promictimus
In hac credens fidei uirtus quam etherei super globum nonum
Orbis fore dicitur que unus pascitur uita quam proponimus
Spes est beatificans illos ac magnificans digno quos dicimus
In hac ardet caritas a qua omnis bonitas promanat dicimus
Hec in sancto cunctis qui pergit [illegible] demo falli quicquid credimus
Si quadriuialibus meti hec est talibus utatur quas scribimus
Mens fiet se scilicet non se tectus implicet que deo re[illegible] inquimus
Sibi dona mittet data quibus superet hostem qui est pessimus
Hec est beneficia dei multiplicia computans gratissimus
Simul esse uirtuosus quorum sit munificus inspirante dominus
Laudet dulci musica opera mirifica cantor deuotissimus
Que fecit eximie cum mentis iubiloque regit altissimus
Hec est consonantia per quam fit instantia ut deus mitissimus
Culpis mox indulgeat [illegible] reuigeat et ro amenissimus
Supra dum sidera planetarum federa conexa fixissimus
Inuetur debitum soluat et creditum legi subiectissimus
Firmamenti obuius carnis sue [illegible] ut probissimus
Cogens menti subdere per quam debet uiuere ut docet scissimus
Firmamentum rapitur atque semper uoluitur in occasum infimus
Est et ater tartarus ac tyrannus barbarus ubi trux nequissimus.
Astra secum deuehit sed ad ortum reuehit ductor stabilissimus
Virtutes contrarie circulis stant uarie certe constantissimus
Ut refrenent impetum nos peruertat temeritati que sensus fert dulcissimus.

Id exemplum lucidum creatius placidum prodesse confidimus
Sed qui dant iudicium in suum supplicium falsum nos negligimus
Hii fuerunt que nesciunt nec consulta faciunt que sensus uult intimus.
Istud fert quadriuium uiri sicut triuium legis rectus animus.
Rex tu dicte facies ut celestis aries equas dies maximus
Fortis taurus iugera et mensa pondera uelites ut acerrimus
Gigas ut ad brauium bonorum suauium uenias celerrimus
Germanus ut gemini sempiterno luminum ut sis conuictissimus
Cancer dextri lateris sequens et liberis uotis sagacissimus
Acris leo pectoris uirtus feruens roboris quam sacra asserimus
Virgo urens steriles herbas ac inutiles meri suauissimus
Libra pares noctibus reddens dies lucibus uidere est iustissimus
Scorpionis uulnera caues falsa operum curator cautissimus
Ictus sagittarii chironis sacrarii arcista fidissimus
Ut latone genitus a quo phyton perditus est serpens nequissimus
Capricornus frigoris bruma ducens decoris luxum artissimus
Tam legem in dapibus atque uanis uestibus seruas honestissimus
Oculus fede libidinis cuiuscumque criminis ultor laudatissimus
Cunctus eo aquarius quem quisque nefarius timet et seuissimus
Gratiosam pluuiam rex das ut lasciuiam laues tu mundissimus
Pisces matrimonii amas qui demonii non sunt mos fedissimus
Phetontis incendia nec nimis grandia et archas cautissimus
Formidarunt fluctibus latuere piscibus quos tunc peritissimus
Mare rector posuit pisces sicut uoluit magnus scientissimus
Extinctis incendiis redditi sunt prandiis neque lautissimus
Eclon in pristina forma quam uult pagina et rex potentissimus
Illa fatur fabula ut dictum famula et sinus rectissimus
Venus et sua in experientia sunt miles utilissimus
In arduis preliis inermes consiliis nullus intrat primus
Qui festine fugiunt et post terga rugiunt sunt uictor certissimus
Forma nocet pugili et doctrina uigili in stet remotissimus
Rex hec quamuis nominis sint ad fructum generis quod est huic sanctissimus
Sunt artes baiule liberales tabule amnis fluentissimus
Ad obedientiam atque reuerentiam tuam sic offerimus.

Or nobi primatum

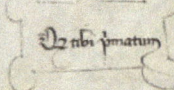

28 recto

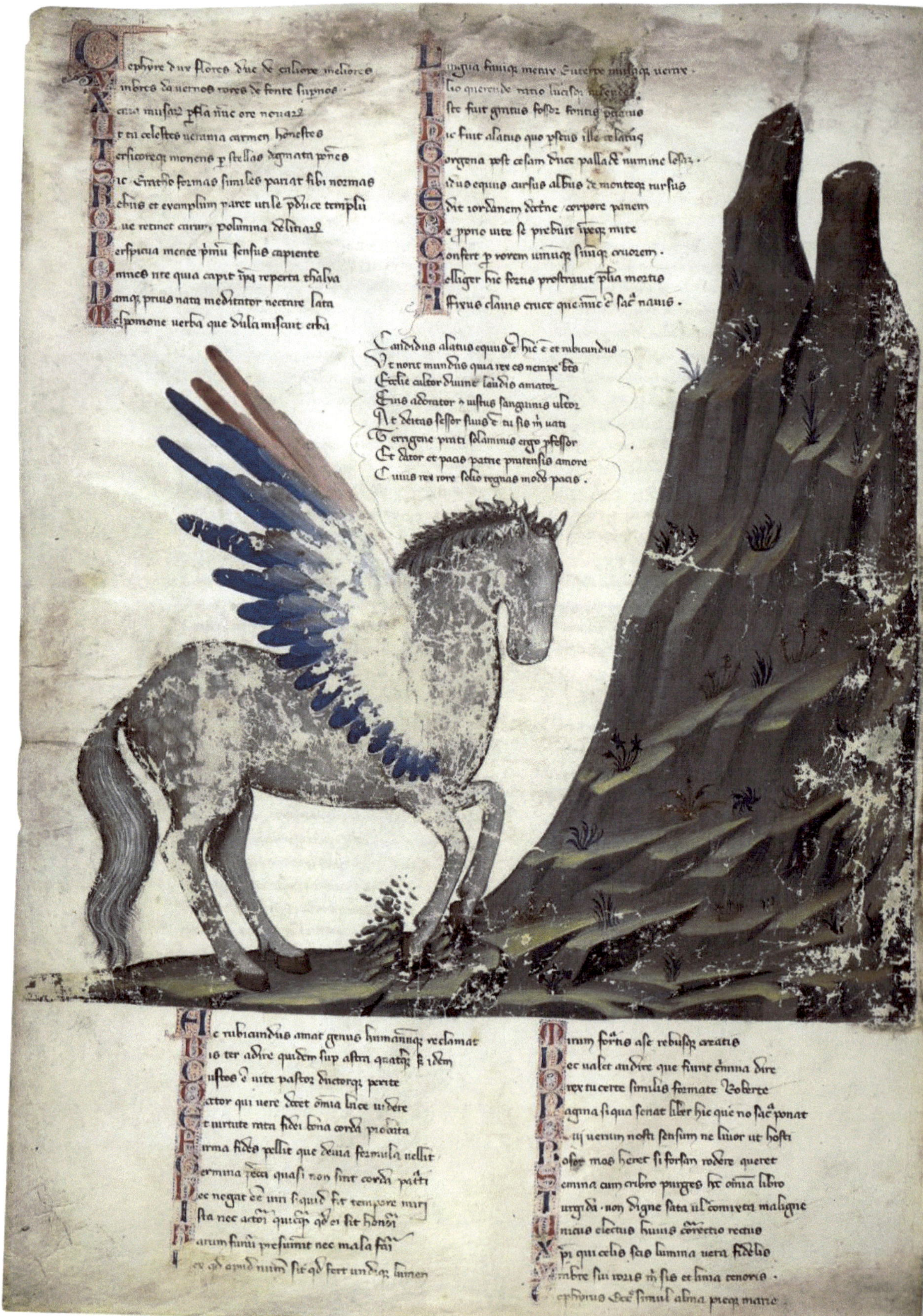

Cephyre dux flores duc de celiore meliores
Imbres da uernos rores de fonte supnos ·
Xetra musar(um) p(ro)fla nunc ore nouar(um)
Et tu celestes urania carmen honestes
Tersicoreq(ue) monens p(er) stellas dogmata pones
Sic erratho formas similes pariat sibi normas
Rebus et exemplum paret utile p(ro)duce templum
Que retinet curum polimnia delinar(um)
Perspicua mente p(r)imu sensus capiente
Omnes nte quia capit ipa reperta thalia
Pamq(ue) prius nata meditator nectare lata
Melpomone uerba que dulcia miscant erba

Lingua finiq(ue) meus [illegible] mihiq(ue) uenix ·
Illo querende ratio lucis [illegible]
Iste fuit genitus [illegible] fontis paganus
Hic fuit alatus quo p(er)stus ille relatus
Gorgona post cesam duce pallade numine lesam ·
Pidus equus cursus albus de monteq(ue) rursus
Edit iordanem dextre corpore panem
De p(ro)prio uite se prebuit ipseq(ue) mite
Confert p(er) rorem uinumq(ue) simiq(ue) cruorem ·
Belliger hic fortis prostrauit p(rae)lia mortis
Affixus clauis cruce que nunc e sac(ra) nauis ·

Candidus alatus equus e hic e et rubicundus
Ut nou(er)it mundus quia rex eo nempe bis
Celie cultor diuine laudis amator
Eius adorator iustus sanguinis ultor
At deitas sessor suus e tu sis m(ihi) uati
Terrigene p(ro)uti solaminis ergo p(ro)fessor
Et dator et pacis patrie pratensis amore
Cuius rex rore solio regnas modo pacis .

Hic rubicundus amat genus humanumq(ue) reclamat
Bis ter adire quidem sup(er) astra quatq(ue) [illegible] idem
Custos e uite pastor ductorq(ue) perite
Rector qui uere docet omnia luce uidere
Et uirtute rata fidei bona corda probata
Firma fides pellit que demia fermula uellit
Germina pecci quasi non sint corda patti
Nec negat esse uiri si quid fit tempore mari
Ista nec actori quicq(ue) q(uo)d ei sit honori
Rarum finu presumit nec mala fari
[illegible] q(uo)d apud nuum sit q(uo)d fert undiq(ue) lumen

Mirum fortis asse rebusq(ue) creatis
Nec ualet audire que fiunt omnia dire
Orex tu certe similis formate Roberte
Pagina siqua sonat liber hic que no(n) sac(ra) ponat
[illegible] uerum nostri sensum ne liuor ut hosti
Rosor mos heret si forsan rodere queret
Semina cum cribro purges hec omnia libro
Turgida · non digne sata uel conuecta maligne
Unicus electus huius correctio rectus
Xpi qui celis sais lumina uera fidelis
Ymbre sui roris m(ihi) sis et lima tenoris ·
Zephirus [illegible] simul alma preq(ue) mane

28 verso

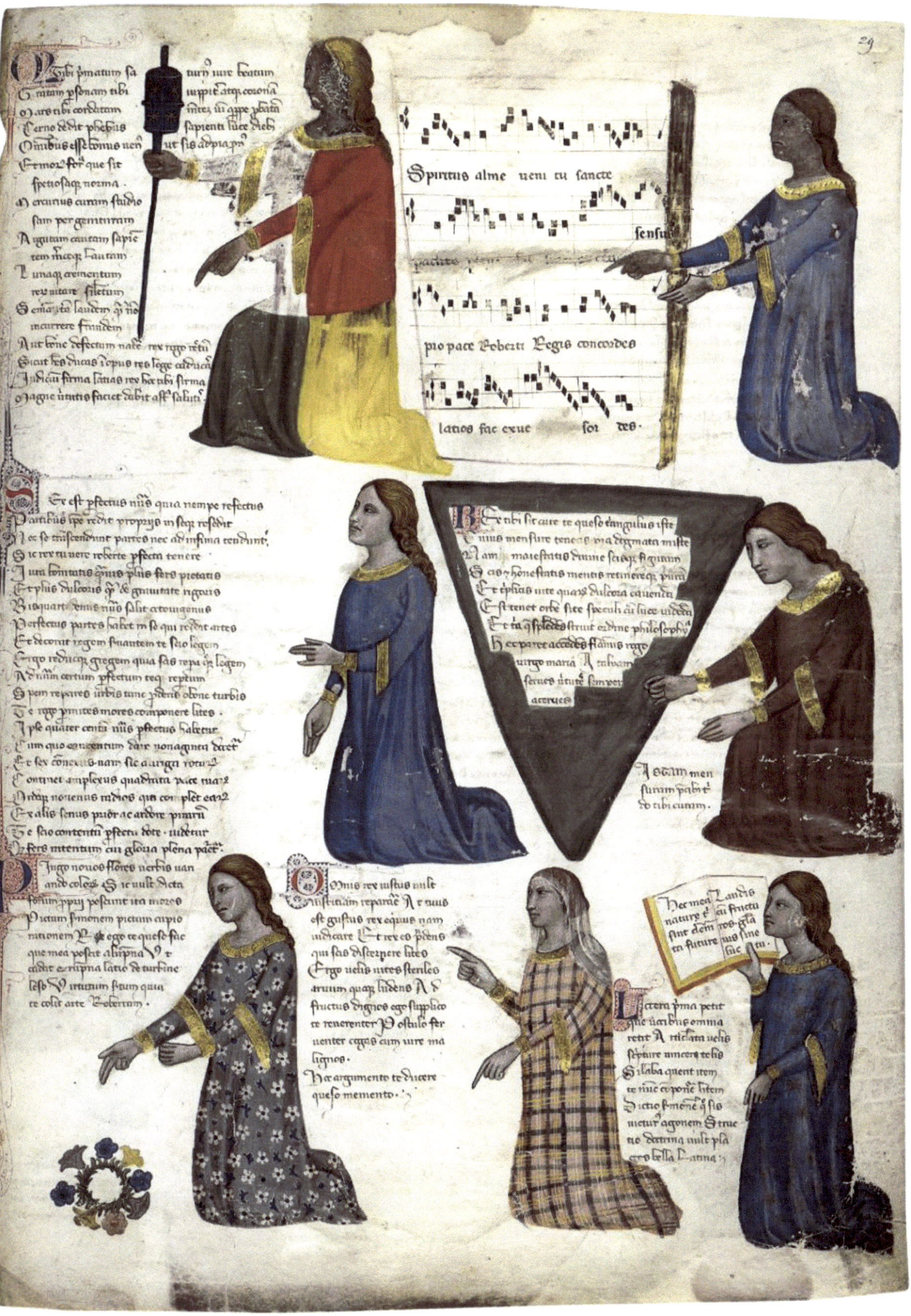
Spiritus alme ueni tu sancte
pro pace Roberti Regis concordes

29 recto

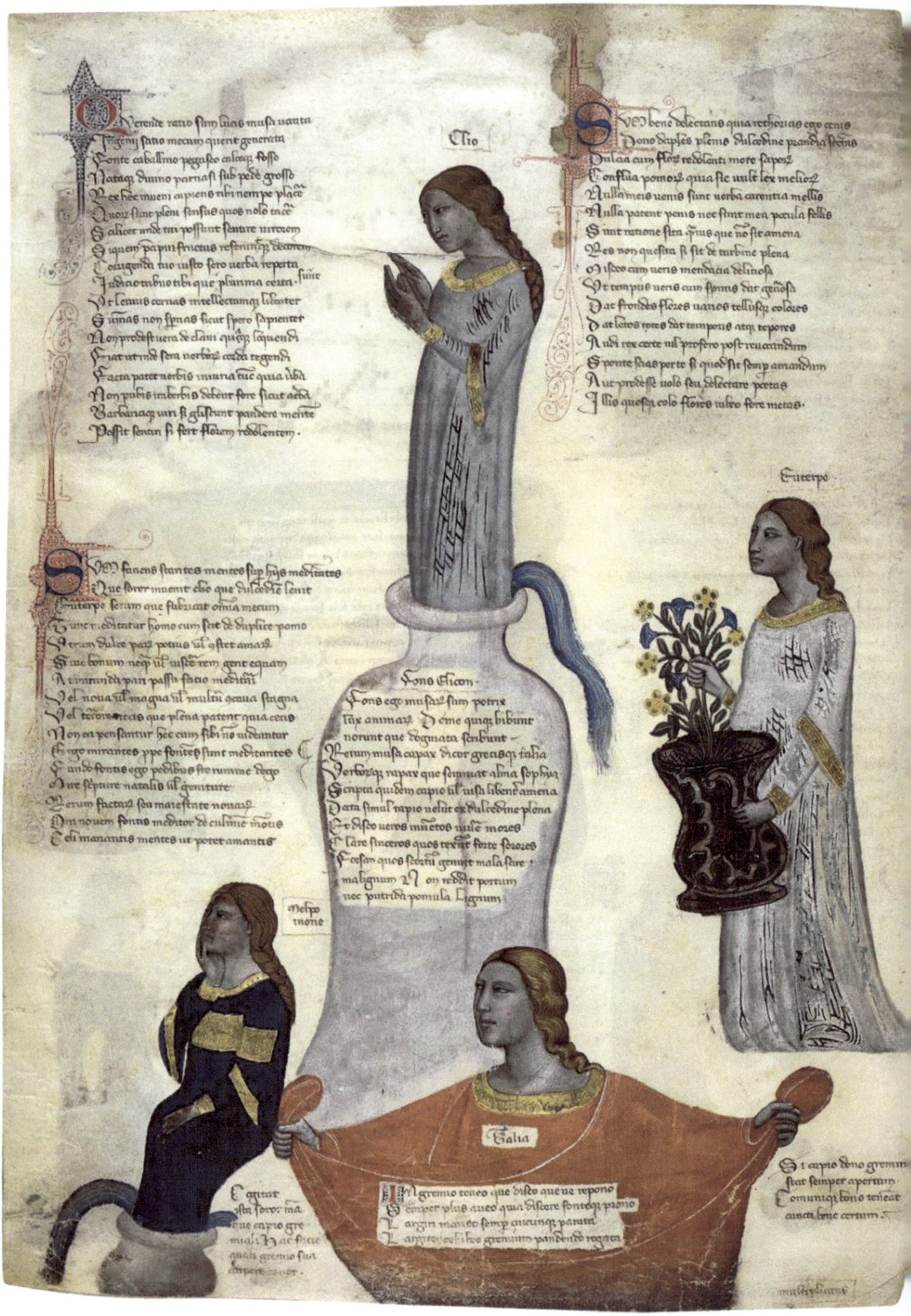

29 verso

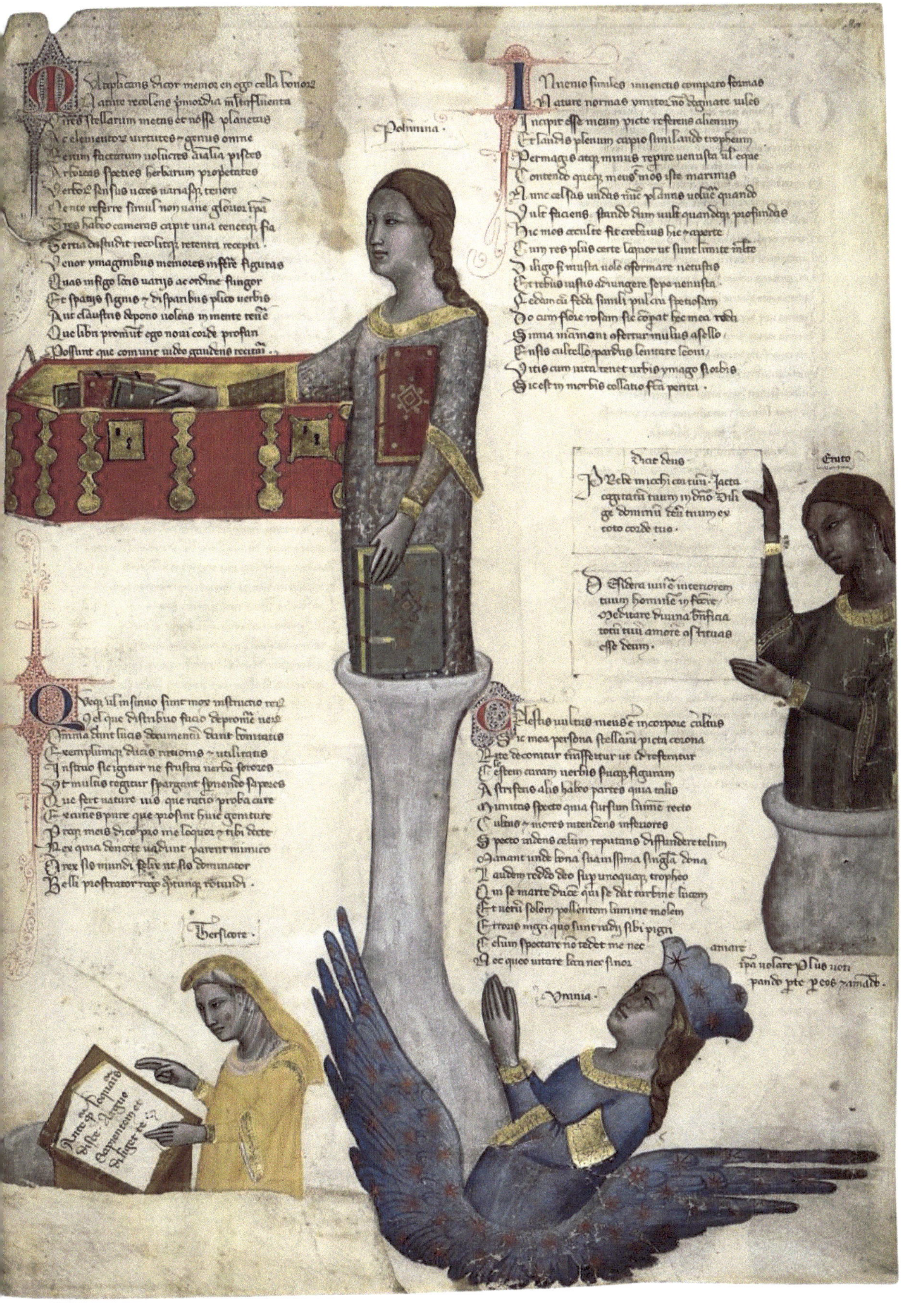

30 recto

O ptima uox donat mea ad placet arte sonora
D electando sonar quia fit ratione decori
S i tibi rex placent sonus huius queso libelli
G audeo que petunt fecit condulcia melle
S i qua tuli fellis fuit excessen properante
T empore quo cessis rapit id grauitate morante
F orsan defectus inania prestitut atri
A lube neglectem cum fit lecus ipe teatri
N amque meu theatru ne precludantur amicis
N on patiens atrum faciis minuitur apas
O ptima uox querit dia nam res sapienter
O ptima uox hec erit cum siunt digna libenter
O ptima uoxq petit ne turpia sint reatem
N am cum falsa metre mens que reputat e grata
A runbus audin facio me digna sapiendo
G audeo sentire dum lumine gero flendo
Q ue dant soli audi uotum emo dant pretiosa
O ptima tetandi q singla delitiosa

U ox mea dulcis uox mea fortis uox amara
E dita fulas mellis citio paais in ain
ox mea flebilis atq sonabilis est bonitatis
o ex mea fertilis ac nimis utilis est pietatis
r imina pellere que docet ubere sueris ameni
e rrea sperne minia teprire plena ueneni
N e cruciamina que mala semina siceq time
Q ue fera bestia siunt modestia data cause
o ox mea celdai que monet unica gliscere uite
S imen auica limina publica scire perite

O ptima uox laudare deum benedic cunctis
I psum nam care celat quecq creauit
O ptima uox i uotis deposcet quisqz salutem
O ptima uox donat ueniam iustosqz coronat
P ellit ostum uox mollit si pectora durm
G ratia sitq noua ueam pariunt gen oua
O ptima uox laudem cantat uox optima fraudem
C ontempnit posat bona que poducere noscat
E rgo sonent mecum qui gliscunt me fore secum

L audemus rerum sedem uoce sonora
L audemus dium urm rege qualibz hora
L audemus qui nos scat qui dat mellora
L audemus namqz sua pmia sunt pone
L audemus regem celos namqz creantem
L audemus regem de omine nos reueantem
L audemus regem nos luce bristantem
L audemus regem nos celi fide seruum
L audemus dium cui rex cacharasino
L audemus dium quem cheque gliscet
L audemus dium nam unum huis q amam
L audemus dium qui se unlt nos habeam
L audemus lucem qne dat bona cuneta tene
L audemus lucem que dat sua ueri mssere
L audemus lucem nitidum que pectus habere
L audemus lucem que paudit lumina uere
L audemus uite dulcem uoce ditram
L audemus uite celesti semp edrem
L audemus uite diune semp amorem
L audemus uite sancte bonitatis honorem
L audemus que deum celestia regna daturam
L audemus qz deum uiuu semperp staturum
L audemus qz deum laudis cor dat quia purum
L audemus qz deum nam mollir ad optima durum
L audemus solium qui regna pace Roberti
L audemus firmat decoris cum culsine certi
L audemus donet qz ei uirtute trophæum
L audemus qz ei det ut ome fugret pharseum
L audemus suma nos omia uoce deos
L audemus qz deum fontem finemqz sonons
L audemus sursum uox optima laude sonora
S candat et imploret pro cunctis qualibz hora

Caliope.

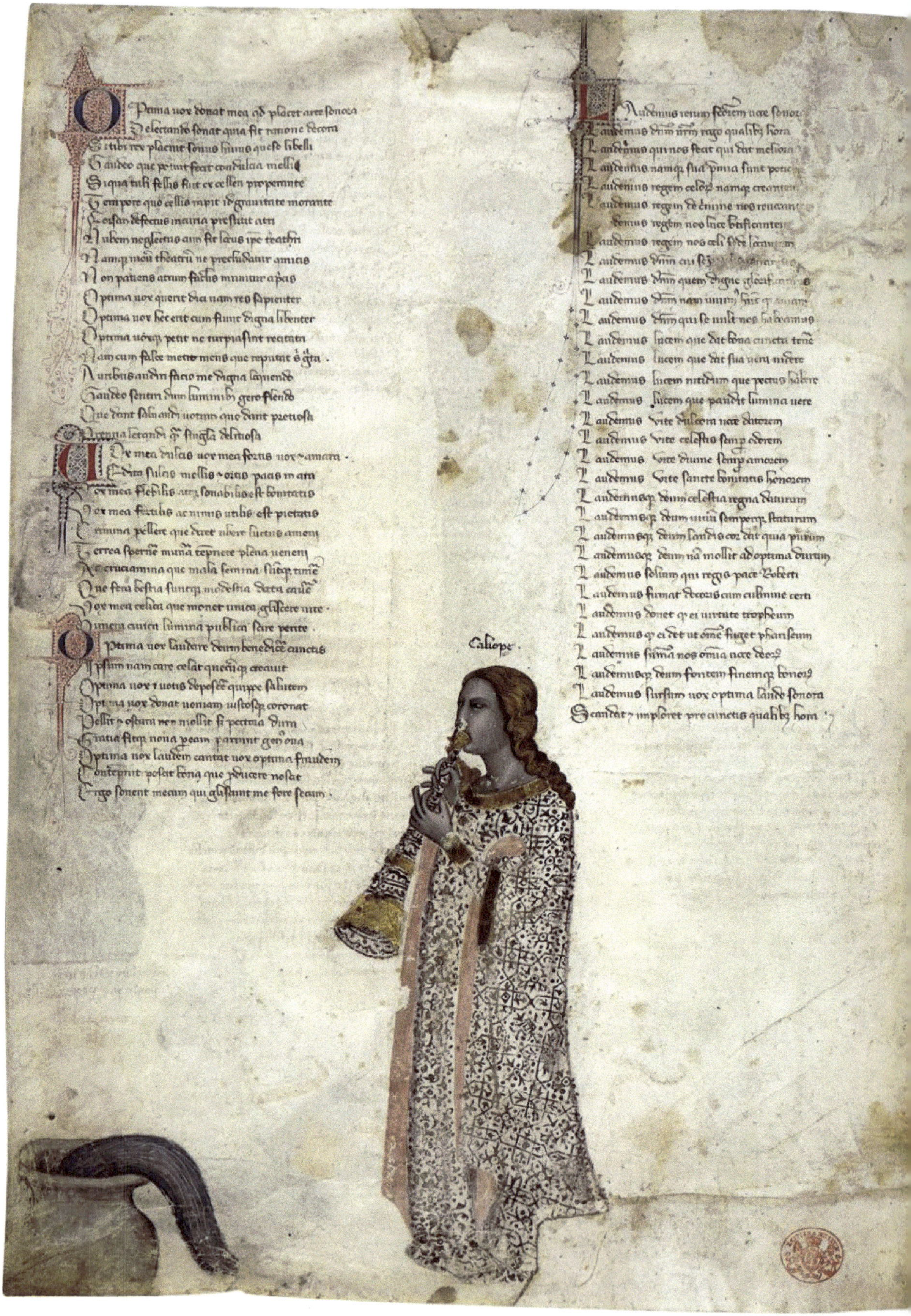

www.ingramcontent.com/pod-product-compliance
Lightning Source LLC
Chambersburg PA
CBHW050857180526
45159CB00007B/2708
* 9 7 8 1 4 9 6 1 5 0 5 4 7 *